清史镜鉴

——部级领导干部清史读本

国 家 清 史 编 纂 委 员 会
国家清史纂修领导小组办公室 编

第三辑

国家图书馆出版社

图书在版编目（CIP）数据

清史镜鉴：部级领导干部清史读本·第三辑／国家
清史编纂委员会，国家清史纂修领导小组办公室编.
—北京：国家图书馆出版社，2010.3（2022.6 重印）
ISBN 978－7－5013－3829－0

Ⅰ.①清…　Ⅱ.①国…　②文…　Ⅲ.①中国历史－研
究－清代－干部教育－学习参考资料　Ⅳ.①K249.07

中国版本图书馆 CIP 数据核字（2010）第 037266 号

书　　名	清史镜鉴——部级领导干部清史读本·第三辑
著　　者	国 家 清 史 编 纂 委 员 会 国家清史纂修领导小组办公室 编
责任编辑	郭又陵　孙　彦
特约编辑	赫晓琳
出版发行	国家图书馆出版社（北京市西城区文津街 7 号　100034） （原书目文献出版社　北京图书馆出版社） 010－66114536　63802249　nlcpress@ nlc. cn（邮购）
网　　址	http://www. nlcpress. com
排　　版	北京文雨信来科技发展中心
印　　装	北京武英文博科技有限公司
版次印次	2010 年 3 月第 1 版　2022 年 6 月第 3 次印刷
开　　本	850×1168　1/16
印　　张	16.75
字　　数	250 千字
书　　号	ISBN 978－7－5013－3829－0
定　　价	50.00 元

序

　　清朝是我国历史上最后一个封建王朝，统治中国长达 268 年之久，其前期在发展经济文化、巩固国家统一、加强民族团结等方面甚有功绩。中叶以后，内外矛盾尖锐，外敌入侵，国内动荡，政治日益败坏，其失误和教训，实足发人深省。清亡距今不足百年，离我们时间最近，对我们的现实生活影响较大。"今天的中国是历史的中国的一个发展"，要根据中国国情，建设中国特色社会主义，就要学习和研究历史，特别是离我们今天很近的清史。

　　新中国成立后，为了弘扬文化、传承国脉，党和国家领导人十分重视清史纂修，曾成立相关机构进行筹备，但由于种种原因，修史之事，几起几落，一直未能启动。2002 年 8 月，中央领导作出纂修清史的重大决定，相继成立了清史纂修领导小组、清史编纂委员会，清史纂修工程，于焉肇始。

　　清史纂修不仅具有重大的学术价值，还和现实生活有着密切的关系，它不是网罗奇闻逸事，不是观赏陈迹古董，不是"发思古之幽情"，而是和时代脉搏的跳动息息相关。中国封建社会发展缓慢，延续了两千多年，到了清代，它具有什么特点？它的经济、政治、文化发展到了怎样的高度？清代众多的历史人物应该怎样评价？清代很多扑朔迷离的事件真相如何？为什么古代中国一直处于世界的先进行列，而到了清代却愈来愈落后？在统一多民族国家和整个中华民族发展史上，清朝统治的 268 年究竟处于什么地位？应该对其如何评价？如果没有外国的侵略，中国将会沿着什么方向发展，发展的前途可能会是怎么样？这些都是此次清史纂修所要研究和揭示的重大问题。

清史编纂工作自 2002 年启动以来，在党中央、国务院的关心下，经过海内外专家们的鼎力合作和辛勤努力，目前已有大批阶段性研究成果相继产生。在有计划、按步骤推进清史纂修的同时，为了更加全面、广泛、客观地反映纂修中取得的重要成果，及时将其应用于我国新时期新阶段社会主义现代化建设，充分发挥清史纂修在资政、存史、育人等方面的重要作用，经清史纂修领导小组副组长、文化部副部长周和平同志提议，在清史纂修领导小组办公室诸同志的努力下，于 2006 年 7 月开始编发《清史参考》。刊物集学史和资政于一体，兼顾资料性和时政性，择要刊登在清史纂修中形成的部分科研成果。内容大致涉及典章制度、名人史事、轶闻掌故、档案文献、学术争鸣、资料考证等，力求如实反映三百年清朝历史的真实面貌，给读者以较丰富、较切实之清史知识。

历史是已经逝去了的人和事的记录，是各个国家和民族的文化创造。人有反思往事的感情，有寻根问先的愿望，有从自身的经验教训中学习的天赋。人类在不断前进，但每一代人都是在前人的基础上进行创新，不断前进的。这就形成了文化的传承和历史的延续，形成了历史、现实、未来之间相通的无穷无尽的长链。现实深深植根于历史之中并通向遥远的未来。历史研究可以帮助人们在过去的远景中认识自己，并为未来的创新指点方向。历史学虽然不能像应用科学那样快速而直接地取得实用效益，但它的功能是长期的、巨大的。人类如果忘记了自己的历史，将会在现实和未来中迷失方向。历史学是传承文明、陶冶心灵、提高素质、建设社会主义精神文明所必需，也是了解社会、掌握国情、管理和建设国家、进行战略决策所必需。

《清史参考》创刊后赢得了较好的社会反响。办刊两年来，共有50余位专家在《清史参考》刊发文章。《清史参考》的作者，大多为清史纂修工作的项目承担者，也有一些是清史编纂委员会的骨干专家，都学有所长，是各自研究领域的佼佼者。所载文章不仅有很强的学术性，还多富深刻的现实意义，具有一定的参考价值，且篇幅短小、风格朴实、文字流畅、可读性强。应该说，对于现阶段社会上流行的种种"戏说"清史的文艺作品，能够起到一定的校正作用，用真实的历史史实来教育青年，教育大众。这本身也是历史学家们理应担负的一种社会责任。

近日，欣闻国家清史纂修领导小组办公室计划将《清史参考》结集出版，以扩大清史纂修的社会影响，使刊物资政、存史、育人之价值泽及社会、服务学界、繁荣文化，心喜之余，略缀数语，以为序言。

戴　逸

2008 年 7 月 28 日

目　录

对外关系

军事

人物

清代关于疆土版图观念的嬗变

邹逸麟

我国地处亚洲的东部，地域辽阔，在不同的自然条件下，形成了东亚季风、西北干旱半干旱和青藏高寒等三大自然地理区。由此而逐渐形成了从事农耕、畜牧、采集和狩猎等三大经济区。清代中叶以前我国历史上疆域变化，实质上是由三大自然区决定的三大经济区之间的交融与争斗的表现。

18 世纪中叶，清代前期统一帝国的形成，是将农耕、畜牧、狩猎采集三大经济区融合于一个政权，是三大经济区内的民族在长期相互交流、融合的自然结果，有利于三大经济区之间的和平协调，大大减少了对社会经济的破坏性，为各经济区的发展、人民生活的安定，创造了良好的条件。

在我国传统上，历代中原王朝统治者均认为其统治的核心地区是所谓"九州"，为天下之中。"九州"之外有甸、侯、绥、要、荒等五服。五服之外，为四海，即蛮夷之地。他们认为直接统治的农耕区是中国本土，其周围四夷均为臣属之地，所谓"天子有道，守在四夷"；四夷的文化远落后于中原，只是臣服朝贡关系，无须有明确的界域。

今天大家公认的表示国家领土的"版图"一词，在我国古代是指中央王朝派官吏直接控制和治理的人口和土地。所谓"国家有疆宇，谓之版图。版言乎其有民，图言乎其有地"。版，即版籍，人口统计数字；图，即所据有土地的地图。我国数千年传统农业社会，土地和人口，是国家统治的基础。而对农耕区以外周边少数民族地区采取羁縻的统治方式，政治上臣服于中央，经济上不纳赋税，不服劳役，与内地农耕区不同。因此，朝廷往往将这些地区不包含在当时版图的概念之内。

清初，康熙帝巡视到蒙古喀尔喀部时还曾说："昔秦土石之功，修筑长城，我朝施恩于喀尔喀，使之防备朔方，较长城更为坚固。"可见"天子有道，守在四夷"的观念，还是根深蒂固的。"新疆"一词，在康、雍年间已经出现，并非指今新疆，而是指贵州、云南、湖南、四川等改土归流后，中央派官吏直接统治的地区。可见清代前期的疆土、版图概念与近代民族国家的疆土、版图概念大为不同。

18世纪中叶，乾隆平定西北后，帝国疆域最终完成。以后随着国内外和世界形势的变化，朝野对版图、疆域、边界等概念也随着时代的发展，逐渐发生了变化。这种变化是由内外两方面因素促成的。

内因是：经过康、雍、乾三朝的经营，社会相对稳定，内地与边区的交往日益密切，边疆、内地"一体化"进程加速，"大一统"观念进一步深入人心，华夷之别，逐渐为中外之别所替代。特别是乾隆中期全国疆域的奠定，在朝廷高层人员中，多民族大一统国家的意识已经形成。其时对疆土、版图的认定，已经不限于传统的版和图了。乾隆时平定新疆后，谕曰："关门以西，万有余里，悉人版图。"乾隆五十八年（1793）英马嘎尔尼使团来华，要求在天津、宁波等港口泊船贸易，乾隆答曰："天朝疆界分明，从不许外藩人等稍有越境掺杂。……天朝尺土俱归版图，疆址森然，即岛屿沙洲亦必划界分疆，各有专属。"这固然是封闭锁国政策，但也明显反映了强烈的国家版图的意识。

这种大一统版图意识，还反映在康、乾、嘉三朝《大清一统志》的修撰上。中国有撰写全国总志的传统，其内容是反映全国疆域、政区、山川、户口、物产、古迹等等，为统治者提供疆土情况，以便治理，同时也有炫耀盛世之意。清康熙二十五年（1686）开始编纂《大清一统志》，完成于乾隆五年。乾隆二十九年因新疆内属，又重修《一统志》，完成于乾隆四十九年。以后嘉庆十六年（1811）开始第三次纂修《一统志》，至道光二十二年（1842）完成。故定名为《嘉庆重修清一统志》。《嘉庆志》在边疆统部范围、门类、辖境、边界等方面，大大超过《康熙志》《乾隆志》，并附有反映全国疆域的"嘉庆大清一统舆图"，其范围"东尽费雅喀，西极葱岭，北界俄罗斯，南至南海"，是中国有史以来最完备、质量最好的一部地理总志。这三部《一统志》修撰的过程，反映了统治者心目中，大一统疆土意识的形成。

引起清代对版图等概念变化的外因是：清朝与西方政治势力和文化接触后，开始加强了自我认同的意识，近代民族国家的意识逐渐产生。

（一）中俄《尼布楚条约》《恰克图界约》的签订，大大冲击了传统的疆土观念。《尼布楚条约》是中国历史上第一次按照国际法的规则与外国订立平等互惠的边界条约，确定了中俄东段边界。在条约里，"清朝"和"中国"已经互称，这时"中国"一词已有近代主权国家的意义。雍正五年（1727）签订的《恰克图界约》，确定了中俄中段边界。这两个条约的签订，对清朝统治者传统的边疆观念产生了重大的冲击，使统治者明白了一国疆土必须有明确的界线，以保证领土不受侵犯。

（二）16世纪西洋耶稣会传教士在地理大发现背景下，带来的地理学知识，对中国固有的天下、中国、疆土的观念，产生了极大的冲击。晚明利玛窦《坤舆万国全图》、艾儒略《职方外纪》以及清初南怀仁《坤舆全图》的传入，使一部分中国士大夫阶层开始知道了地球、五大洲，令他们开始有了"世界意识"，并激励他们去了解中国在地球上的位置，以及疆域和领土的范围。康熙帝在《尼布楚条约》签订后，渴望对清朝的版图有一个新的更全面的了解，于是在耶稣会传教士协助下，完成了经过在实测经纬度基础上绘制的《皇舆全览图》。以后乾隆时又据新平定西域实测资料，绘制成《乾隆内府舆图》，这不仅是一幅历来被认为是奠定了今天疆域版图基础的中国全图，同时也是当时世界上最早的、最完整的亚洲大陆全图，其覆盖面积远远超过《康熙图》。到了《嘉庆重修大清一统志》时所附《皇朝一统舆图》则标出了盛清疆界：北到外兴安岭，西到帕米尔和后藏的阿里地区，东到库页岛，南到南海。这是中国近代民族国家的标志性要素生成的写照。

（三）清代中叶以来，有两股学术潮流影响了中国士大夫阶层对疆土、版图的认识：一是清中叶开始，延续至晚清的边疆史地之学。清代中叶开海禁以来，一部分有识之士有感于对自己国家的懵懂无知，对地理学的研究开始"由古而今，由内而趋外"。同时，由于一系列丧权辱国的不平等条约，对中国朝野震动极大，士大夫阶层怀着割地之痛，掀起了研究边疆史地的热潮，出现大量研究边疆史地的著作，促进了中国士人现代国家疆域概念的形成。二是鸦片战争前夕，随着西方传教士的东来，一批西方地理学书籍开始传入东南沿海城市，受到了一批意欲了解中国以外世界的中国士大夫阶层的重视。魏源《海国图志》和徐继畬（yú）《瀛环志略》的问世，是我国近代最早向国人介绍西方世界地理知识的著作，在当时社会引起了极大轰动。通过两部著作所绘制的世界各大洲的地图，朝野知识界开始认识到，原来传统认为中国是天下之中，周围全是落后的四夷的观念，是何等的落后。这对长期以来落后封闭的疆土观念，展开了明亮的窗户。

到了晚清，对国家疆土、版图已具备了现代民族国家的意识。晚清国家机构改革，将原先与西方列强交涉的"抚夷局"，改为总理各国事务衙门，清末又改为外务部，以及边疆地区设置行省，内地、边疆的一体化等等举措，都是现代民族国家意识的产物。"版图"一词，到了晚清则又具有代表现代国家国民法定身份"国籍"的含义。如镇压太平军的洋枪队队长美国人华尔，1861 年加人中国籍，以后华尔阵亡，取而代之的美国人白齐文也于 1862 年加人中国国籍，后因白齐文不听调遣，遵照中国法律治罪，革去三品顶戴。这说明"版图"已从传统的版籍和土地含义，发展成为国家法定主权的意义了。

清代是我国历史上最后完成中华民族国家的朝代。18 世纪中叶以后，在内外诸因素推动下，最后不得不放弃封闭落后的"天下观"，融入世界政局的大潮流中，终于产生了具有近代国家意义的中华民国。

作者简介

邹逸麟，1935 年生，浙江宁波人。复旦大学教授、博士生导师。曾任全国政协委员、国务院学科评议组成员。研究方向：历史地理学。长期参加谭其骧《中国历史地图集》的编绘工作。有《中国历史人文地理》《椿庐史地论稿》等多部著作问世。

清代积案之弊

李文海

有清一代，积案问题一直是政治生活中的一个痼疾顽症，它既带给民众深重的苦难，也是吏治败坏的突出反映。

所谓积案，是指各级官吏在审理民事诉讼或刑事案件时，积压拖延，长期不予结案的现象。

本来，对于各类案件的审理期限，清代是有明确规定的。方大湜的《平平言》对此有详细的记载："审理大小案件，均有限期。"大体说来，州县承审"户婚田土等项"民事案件，限二十日完结。超过限期不到一个月的，官员要"罚俸三个月"，"一月以上者，罚俸一年；半年以上者，罚俸二年；一年以上者，降一级留任"。普通的刑事案件，州县必须在三个月内审毕解到府里，知府须在一个月之内解到臬台衙门，臬司须在一个月之内解到总督巡抚部院，督抚须在一个月内向朝廷"咨题"，合计"统限六个月完结"。如果涉及盗案和命案，则"统限四个月完结"。特大命案，如"杀死三命四命之案"，就必须从快审理，"州县限一月内审解，府州、臬司、督抚各限十日审转具题"（方大湜：《平平言》卷二）。

规定不可谓不清楚，要求也不可谓不严格。但是，封建政治的特点之一，就是制度规定同实际运作往往脱节甚至背离，明文规定是一回事，实际状况却完全是另外一回事。《清史稿·刑法志》在讲到这个问题时，加了这样一句话："然例虽严，而巧于规避者，盖自若也。"这个点评，说到了要害，实在有画龙点睛之妙。

各级官员"巧于规避"，朝廷对于审案期限的规定就变成了一纸具文。积案现象愈来愈普遍，案件积压的时间愈来愈久长，封建法制固有的黑暗和暴虐也就暴露得愈来愈充分。包世臣在《安吴四种》中谈到道光年间的情形说："江浙各州县均有积案数千"，"积案至多之省"多达"十余万起"。案件积压的时间，"远者至十余年，近者亦三五年延宕不结"。同治年间，据曾国藩统计，直隶"通省未结同治七年以前之案，积至一万二千起之多"。丁日昌描述江苏积案情形则说："案牍日积日多，甚至有窃案延搁十余年未经审定，谴犯例限久满，仍淹禁在狱者。"（赵晓华：《晚清讼狱制度的社会考察》，中国人民大学2001年版，第82、83页）这里讲到的现象，绝不是个别的特例，其实只是浮出水面的冰山一角。这一点，我们只要看从皇帝的上谕、大臣的奏疏乃至社会的时论，都把积案问题作为关注的热点之一，就可以确信无疑。

为什么官员断案，"往往审而不结"，总喜欢"宕延时日"（汪辉祖：《学治臆说》卷上）呢？原因当然很多，但最主要的是两条。

其一是封建官吏们玩忽职守，漠视民瘼（mò，疾苦）。本来，在行政权与司法权混一的情况下，"断狱听讼"是封建官僚最主要、最经常的政务活动，所谓"讼狱乃居官之首务"。但实际情况却并非如此。历经康、雍、乾三朝的名臣田文镜在所撰《州县事宜》中说："乃有一等阘茸（tà róng，低贱、卑劣）之员，听断乏才，优柔不决，经年累月，拖累无期。"他具体描述了这些官员们面对命案时"悠忽""迟延""恣意捺搁",以致审案时"胸无确见,难定爰书"的情况,指出"人命如此,其他可知"。如果说田文镜讲的还只是部分官员的表现,光绪时的一篇时论则把这种现象作为官员的普遍状态来评论,并且讲得一针见血,入木三分:"今之为民父母者,往往玩视民瘼,以奔走大吏之门谓为善于奉承,以争逐宴会之场谓为熟于世故,日行公事,视若具文,以致案牍山积,莫不加意,一案淹留,动辄经年累月。"(《皇朝经世文四编》)试想,官员们一个个热衷于"奔走大吏之门","争逐宴会之场",借此攀附钻营,寻找靠山;拉帮结派,同欲相趋,以此作为升官之捷径、仕途之要诀,哪里还有时间、精力和心思去公平执法,尽心办案?

比这个更加重要、更加直接地促使积案日益严重的原因,则是官员们为了敲诈勒索的需要而有意为之。因为只有案件久拖不决,才能对涉案各方威逼恫吓,曲法弄权,肆意诛求,讹索无厌。正如陈宏谋《在官法戒录》所说:"不知事犯到官,原、被、佐证必有数人,各有生理,讼事一日不结,即一日不得脱身。差役借此索诈,书吏从中舞弊,土棍构衅生波,莫不由延搁而起。故讼未结而家已破者有之,可为寒心。"前引《平平言》也说,案件一旦积压,"门丁乘机诈索,书役乘机指撞,讼师乘机播弄,案外生许多枝节。本小事也,而酿成大事;本易事也,而变为难结"(方大湜:《平平言》卷二)。这里虽然没有提到官员本身,但谁都心知肚明,在这门丁、差役、书吏、讼师、土棍的身后,正是他们的主子即各级大小不等的贪官污吏。我国历史上向有"灭门刺史""破家县令"的民谚,意思是说,地方长官手握重权,如果他们贪赃枉法,无辜百姓便随时有家破人亡之忧。这种情况,到清代并没有什么改变。

清代对于案件的处理,实行的是"有罪推定"的原则,就是首先假定嫌疑人是有罪的，未经审理以前，一切就均按罪犯对待。不仅如此，官府对于任何一个涉案人员，包括原被告甚至证人在内，都可以任意鞫审或者拘押，乃至投入监狱。于是，这些人就都作为待罪之人，成了任人宰割的俎（zǔ，砧板）上之肉。所以，遭受积案之害的，并非仅仅是按封建法制所确定的罪犯，更多的是那些莫名其妙地卷入案件的无辜百姓。

积案泛滥的后果是极为严重的。

首先是极大地加重了涉案人员的负担。俗话说："一人到官，全家不安。"涉案之人，不管有理无理，差役一到，就大难临头。"盖此辈城狐社鼠，假威以逞，其视村农犹鱼肉也。一旦奉差赴乡，声焰俱赫，里巷妇子，畏之如蛇蝎，而且指东话西，大言恐吓，饱啖（dàn，吃）鸡黍，勒索钱文，稍拂其意，辄咆哮詈（lì，骂）辱，莫敢谁何。小民但期无事，惟有吞声受之而已。"（《州县事宜》，《谨差下乡》条）案件受理之后，更得时时花钱、事事花钱："两造构讼，自进城做词之日起，至出结归家之日止，无一日不花钱。拖延日久，则花钱愈多；花钱愈多，则富者必穷，穷者必死。"（《平平言》卷二）"茶坊酒肆，到处皆耗财之地；内胥外役，无一非索钱之人。支吾东西而力尽，逢迎左右而囊空。称贷求情，市产悦吏。一状之事未明，全盛之家已破矣。"（刚毅：《居官镜》）

其次是大量涉案人员长期羁押，备受凌虐。由于案件"积久不审"，弄得"囹圄滞满"，竟出现"案犯日多，恐狱中将无地可容"的现象。而当时的监狱，完全是地狱般的生活，陈宏谋《从政遗规》有这样一段描写："一人入狱，十人罢业。株连波及，更属无辜。且狱中夏有疫疾湿蒸，冬有皲瘃（jūn zhú，冻疮）冻裂。或以小罪，经年桎梏（zhì gù，脚镣手铐）；或以轻罪，迫就死亡。狱卒因长，需索凌辱，尤可深痛。"许多人就这样既不审讯，又不定罪，不明不白地含冤而死。

再次是妄扳无辜，戕害良善。官吏们有意制造积案，目的就是为了创造更多敲诈勒索的机会。他们的惯用手法，就是物色某些殷实之家，无端的加上一个"事主亲友"或"干证"之类的名称，使之变成涉案人员，便可以予取予求，成为勒索的对象。正如《在官法戒录》所说："一狱之兴，本案拖累，已自不少。狱吏复指使妄扳，辗转蔓延，甚有因一人而害及数十百人，因一家而害及数十百家者。即遇明察之官，亟为开脱，业已筋疲力尽，身家难保矣，岂不可恨！"

所有这一切的结果，就是使老百姓彻底失去了对封建法制的信任，对官府畏之如虎狼，对法律避之如鬼魅。"官吏以百姓为鱼肉，百姓以官吏为寇仇"，这样，司法危机就不能不转化为政治危机和社会危机。

作者简介

李文海，1932年生，江苏无锡人。中国人民大学原校长，中国人民大学清史研究所教授，国家清史编纂委员会委员。长期从事中国近代史的教学与研究工作，出版有《世纪之交的晚清社会》《历史并不遥远》《近代中国灾荒纪年》等专著。

为政以通下情为急

李文海

"政通人和"历来是我国理想的政治理念之一。清人论政，极重求"通"。清代的一些谈论政风吏治的作品中，往往对"通"字给予很大的关注，并且赋予了相当丰富的内容。例如，陈宏谋的《从政遗规》和金庸斋的《居官必览》，都曾引用过"为政，通下情为急"这句话。袁守定的《图民录》则强调："凡上下之情，通则治，不通则不治。"（卷三）还有人说："善为治者，贵在求民之隐，达民之情，民以为不便者不必行，民以为不可者不必强。"所以"治民之大者，在上下之交不至于隔阂"（彭忠德、李正容：《居官警语》）。这里所说的"上下之交"而不"隔阂"，其核心内容也还是一个"通"字。

在当时，这些议论，有着很强的现实针对性。

封建政治的一个显著特征，是尊卑悬殊，上下隔绝。戊戌维新时期，谭嗣同深刻揭露在封建君主专制统治下，"君与臣隔，大臣与小臣隔，官与绅隔，绅与士隔，士与民隔，而官与官、绅与绅、士与士、民与民又无不自相为隔"。在这种情况下，统治者既无心"询察疾苦"，老百姓也无处"陈诉利病"，举国上下，层层相隔，当然是一盘散沙，毫无凝聚力可言，整个社会就不能不呈"乌合兽散"之势（《壮飞楼治事十篇》）。康有为则更一针见血地指出：封建专制政治"如浮屠十级，级级难通；广厦千间，重重并隔。譬咽喉上塞，胸膈下滞，血脉不通，病危立至"。他得出结论说："考中国败弱之由，百弊丛生，皆由体制尊隔之故。"（《上清帝第七书》）

既然君臣之间、官员上下之间乃至官民之间的相互隔绝是由政治体制所决定，那么在封建专制政治体制的框架内，这种状况当然是无法根本改变的。清代政治伦理中所以大力宣扬通下情、尊舆论、顺民心的重要，正是力图通过政治道德的提倡和约束，在一定程度上去弥补、抵冲政治体制的弊端和缺失。这也正是这一政治伦理的积极意义所在，同时又恰恰是它的局限性的集中体现。

官民相隔、下情不通的最大弊害，是主政者井蛙观天，孤陋寡闻，视世情则管窥蠡测，察时势则如坐云雾。既摧残了民气，压抑了人们的政治活力，又堵塞了当权者的视听，杜绝了政治进步的通道。以这种自我封闭的态度去治国理政，犹如盲人骑瞎马，没有不出乱子的。所以有人把这看做是天下最大的忧虑："天下大虑，惟下情不通为可虑。昔人所谓下有危亡之势，而上不知是也。"（金庸斋：《居官必览》）如果不通下情，就不能及时察觉、处理与化解客观存在的社会矛盾，还会使各种矛盾不断积聚和发展，到一定程度，甚至形成严重的社会危机，造成"危亡之势"。这就把"通下情"提到了维护政治稳定的高度，在清代，不能不说是一个颇具卓见的认识。

封建政治的一大通病，是上下欺蒙，许多贪枉不法之事，往往由此而来。雍正时当过直隶总督的李绂在《与泰安各属书》中说："居官大戒，第一蒙蔽。盖上下内外，非蒙蔽无以行其奸欺也。蒙蔽之在内者，有官亲家人；蒙蔽之在外者，有猾书蠹役。内外勾连，鬻情卖法，则为官者孤立无与，而坐听声名之败裂，其亦危险矣哉!"（徐栋：《牧令书》卷一）不幸的是，这种"上下相蒙，只图苟免，全无后虑"的状况，已经成为到处皆然的官场陋习。"通下情"则正是打破欺蒙的重要途径和手段，这是因为，蒙骗只能施之于闭目塞听之辈，却难以奏效于耳聪目明之人。只要主政者能够博闻强识，洞烛幽微，宵小之徒就无所行其奸。陈宏谋《学仕遗规》中有一段话讲得十分透彻，他说："欲兴治道，必振纪纲；欲振纪纲，必明赏罚；欲明赏罚，必辨是非；欲辨是非，必决壅蔽；欲决壅蔽，必惩欺罔；欲惩欺罔，必通言路。所言虽未必可尽听，而人人皆得尽言，庶奸贪之辈，虑人指摘，不敢肆行无忌也。"（卷二）

不通下情的一个直接结果，就是政情扞格（hàn gé，互相抵触），政令不行。尽管封建政治充斥着尖锐的官民对立，但作为一种政治理想与政治追求，还是提倡施政应以民为本。所谓："民之所乐，我则遂之；民之所苦，我则除之。"（《居官必览》）"事关民生，是其所是，非其所非。"（蒋士铨：《官戒诗》）有的甚至提出"官必好恶同民"，"凡百姓所利，官亦曰利"，"百姓所苦，官亦曰苦"（袁守定：《图民录》卷四）。可是，要怎样才能做到这一点呢？根本一条，就是要了解与体察下情。只有真正懂得了老百姓的苦乐好恶、是非利害，一个关心民瘼的官员才有可能施惠民之政，行益民之举，这样的政治举措也才能得到民众的拥护。所以，《图民录》强调："当官无他术，只务合人情，事之顺民情者可行，咈（fú，违逆）民情者不可行也。""凡地方行一事，博采舆论，舆论可则可行，舆论不可则不可行。若咈众独断，则民必违犯，而事终柅（nǐ，遏止）矣。"（卷四）

在"贵贱有等，上下有别"的等级观念及等级秩序的支配下，真正要做到"通下情""察民隐"，绝不是一件容易的事。首先需要有敢于冲破传统观念的勇气，放下架子，走出官衙，到

"村镇篱落","穷乡下邑",不论缙绅儒生,耆老隐逸,渔樵耕读,贩夫走卒,村姑童稚,都延访求教,"使民隐上通"。颇受雍正皇帝赏识的田文镜在所撰的《州县事宜》中发过这样的一段议论:州县官名曰知州、知县,顾名思义,必定要对一州一县的风土人情、物产生计、民生疾苦等等"知之周悉,而后处之始当","故凡四境之内,毋论远近,或因公务出赴省郡,或缘命盗往来乡村,途次所经,必随事随时,详加体访"。"若深居简出,高坐衙署,使百姓难于见面,于一切物理民情,茫然无知,判然隔绝,不几负此设官之名乎!"(《官箴书集成》,第三册,第682页)陆陇其在《莅政摘要》中讲了这样一个故事:明代著名思想家王阳明,正德年间任南、赣、汀、漳诸州巡抚时,曾经把官员出行时的"肃静""回避"牌去掉,另举二牌,一个牌上写"求通民情",一个牌上写"愿闻己过"。他解释这样做的原因是:"肃静欲使无言,闻过则招之使言;回避欲其不见,通情则召之来见。"据说效果还不坏,"当时不闻以先生为亵体"(卷下),也就是说舆论肯定了这种做法,并没有人认为这就亵渎了封建官僚体制。其实,这个故事的真实性并没有十分坚实的依据,但人们乐于流传这个故事本身,就反映了社会的一种意念,一种冀求。应该承认,在官员仪仗中去掉"肃静""回避"牌固属不易,要在头脑中取消让老百姓"肃静""回避"的观念,更是难上加难的事情。

对于老百姓的话,不但要能够去听,还要真正能听得进去,才能达到"周知民隐""体察民情"的目的,否则,就不免仅仅是一种政治作秀。所以大家都强调"通民情"的关键在一个"虚"字,就是必须虚心。"不虚则蔽","虚则生明"。觉罗乌尔通阿在《居官日省录》中说:"先哲云,官府政事繁多,下情阻隔,全在虚心体察。倘任其聪明,恃其刚介,挟其意气,种种皆能枉人。""是以居大位而不虚心，则事坏；从政不虚心，则政坏；为学不虚心，则学坏。何也？意气太盛，虽有嘉言在耳，简册在前，不复潜心研究，惟凭私智臆见，谓操纵一切而无难，于是疏略偏蔽，百病交集，害有不可胜言者。"如果自以为是，刚愎自用，趾高气扬，固执己见，"自视地位高于人，才识无不高于人，自是之见渐习渐惯，其尚能低首下心，勤学好问也哉？"这个警告，确实很值得深思。

清代京官升迁中的循资与特例

刘凤云

官僚机制的运行是以其自身制度为保障的，官僚制度不仅是封建国家的行政大法，也是对作为管理者的官员进行管理的法律依据。而官员的仕途，除去个人的因素外也都被规范在制度设定的流程里。从清代颁布的各部院则例，到汇集而成的《会典》《会典事例》等，我们不难看到编织缜密的法律条文对官员的约束力。但是，在这些制度运行的层面下，仍然可以看到一些不被制度约束到的行为方式。在这里，我们将讨论那些影响到清代京官仕途的一些特例及其与铨选制度的交相运用。

资历无疑是官员升迁的重要依据，它代表一个人的经验、取得功名的先后，但是无关个人能力。清代的京官，最受重视的就是"资历"，且尤以翰林院、都察院、内阁、军机处、吏部、礼部等清要衙门为甚。据光绪年间曾作过内阁中书的朱彭寿说："京署各官，最重资格，其中若翰林、若御史，以及内阁中书、军机章京、吏部礼部司员，对于同僚之先进者，不论年齿，皆称为前辈。初谒时，必具红白柬三分，登堂拜见，执礼惟谨。至其他各署，则但以同辈相称矣。"（朱彭寿：《安乐康平室随笔》卷一，中华书局 1982 年版）与之同时任职部院的何刚德也说过："从前京官专讲资格，原以抑幸进也。自仕途拥挤，而怀才不遇

者，乃倡破格求贤之说，以耸动当途，而自为脱颖计。"（何刚德：《春明梦录》，北京古籍出版社1995年版）

可见，这种循资而进的状况在清末发生了一些变化，但却流行于清代二百余年之间，在客观上营造了官员仕进的公平环境。何刚德谈到他做京官时的感受说："从前京曹循资按格，毫无假借，人人各守本分，安之若素，境虽清苦，而心实太平也。"（同上）据记载，乾隆年间"有京官不愿外迁观察，而老于京卿贫病而死者"。纪昀曾书挽联戏之曰："道不远人人远道，卿须怜我我怜卿。"（陆以湉：《冷庐杂识》卷二，小军机，中华书局1984年版）需要指出的是，在这些重资历的衙门中，其官员的升迁也较其他衙门迅速。例如"内阁中书"，官阶七品，却是一个不可小视的官职。乾隆三十四年（1769），婺源人王友亮在会试（明清时在京举行的考试，各省举子均可参加）上名列明通榜（清雍乾年间，在会试落选卷内选文理明通的举人补授出缺的学官，在正榜外续出一榜）后授内阁中书，有友人致信道贺说："舍人昔在中书，与学士对称两制，洎（jì，到）乎前明伊始，降同七品之班。第因所处之清严，争谓此途为华美。天依尺五，地接台三。头衔埒（liè，同等）于新翰林，体统超乎散进士。何其下第，反得升阶。"（同上书卷四，内阁中书）除了道贺之外，也有人嘲讽内阁中书，其诗曰："莫笑区区职分卑，小京官里最便宜。也随翰苑称前辈，好认中堂作老师。四库书成邀议叙，六年俸满放同知。有时溜到军机处，一串朝珠项下垂。"（陈其元：《庸闲斋笔记》卷十一，滑稽诗，《清代笔记丛刊》第3125页，齐鲁书社2001年版）这里，不仅说到内阁中书职卑位尊的现状，且说明其升迁迅速，不仅可外放同知，还可官军机处这一要职。其原因在于，他们有机会直接接触到"内阁大学士"这样的权力人物，礼拜为老师，再以师生关系得到推荐拔擢。还可以通过参加乾隆朝的重大文献编纂工程，即《四库全书》的修撰，获得更多的升迁机遇。而军机章京由中书部曹考取的通例，也可证明诗中的"溜到军机处"并非夸大之词。这首诗虽然不长，却将官场中的人际关系及官员的心态表述得十分清楚。而且，"六年俸满放同知"，即由七品晋升为五品，仕进之超速一目了然。

再有，翰林官及六部司员，在官场中也同样被视为"尊位"，所谓"今士人通籍，多以翰林为荣选，次亦望为六部曹郎，以升途较外吏捷耳"（陈康祺：《郎潜纪闻初笔》卷八）。同治光绪年间在朝为官的陈康祺举例说：雍乾时期"尹文端公继善，官翰林院侍讲时，怡贤亲王请为记室，寻奏补刑部郎中。陈文恭宏谋，由编修升吏部郎中；张船山太守问陶，且由翰林充御史，由御史选补吏部郎中。嘉道以前，似此者不可枚举"（同上书卷四）。郎中、御史分别为正、从五品官，翰林院编修则为七品官，升迁不可谓不速。翰林甚至还有外迁四品道员、知府的特例。所谓"翰林例由京察一等外迁道府。道光甲辰、乙巳间（1844—1845），召对词臣，特旨简用知府者：邓尔恒、恽光宸、刘源浚、徐之铭、胡正仁、祁寯（jùn）藻，先后凡六人。盖宣宗晚年忧吏治之日偷（苟且敷衍），知承平之难恃，破格求才之举，不止于此也"（陈康祺：《郎潜纪闻二笔》卷三）。也就是说，这些拔擢均属于特例。

但是仅就制度而言，不同的衙门的确会有不同的升迁际遇。例如，按照铨选规则，吏、礼二部的汉司员，除进士授主事、拔贡生授小京官者外，其由举贡生监捐纳入官者，吏部掣签时，例不得分此二部，故与户兵刑工四部不同。而其余四部虽不及吏、礼二部，但也属京官之佼佼者。而且，对于那些没有进士出身的官员，还可以凭借置身这些衙门的经历，在科举考试中崭露头角，取得进士功名，跻身于更高的地位。

清人陆以湉曾说："京朝官惟内阁中书舍人进身之途最多。"除了以进士出身者外，还有"以举人考授而得者，有以召试取列优等而得者，有由举贡捐输而得者"（陆以湉：《冷庐杂识》卷四）。此外，贡生等有选拔出任各部的机会。所以，小京官中有很多人为非进士出身。为了在仕途上走得更高更远，他们在取得京官的职位后，还会接着参加三年一次的会试，以取得进士的光环。恰恰是这些人，不仅中进士的比例高，且列一等者不乏其人。朱彭寿有此议论，并谈到其中的原因。他说，这些由小京官中进士的人"大都工于书法，或当时知名之士，既登朝籍，遇事更得风气之先。而殿试读卷诸大臣，或为旧时座师，或为本署长官，或为同乡老辈，赏识有素，故此中遇合，亦非偶然"（朱彭寿：《安乐康平室随笔》卷二）。他还列举出自雍正十一年至光绪三十年（1733—1904）这170余年间，57次会试中由中书和小京官考取前四名者共计68人。而朱彭寿亦是在光绪十六年（1890）由举人人为内阁中书，以劳绩赏加四品衔，参加了光绪二十一年的会试，只因殿试时适逢回籍省亲，补下科殿试，其甲第则为二甲第十一名。按例，凡补应殿试者，都要在卷面加盖一个补字红戳，不入进呈之前十名卷内。故当时舆论，颇有以不获鼎甲为朱彭寿惋惜之说。言外之意，就是朱彭寿如果不是误于省亲，也定会进入前十名，甚或鼎甲列名。

当然，京官升迁壅滞的现象不无存在，但多集中在一些并非显要的官缺上。如国子监、上书房甚或詹事府等。据记载："坊局官僚升转定例：洗马名次讲、读后。长沙刘文恪公权之官洗马十六年而后迁，时称'老马'。嘉庆初，戴尚书联奎擢此官，召对垂问资俸，戴以实告，始奉与讲、读诸臣一体较俸之谕，由是洗马无久淹者。""洗马"，是官名，职在陪同太子读书。其职司在清代归詹事府司经局，从五品官。此文作者陈康祺称其初入京，尚闻有"一洗万古"之谑，"殆嘉庆以前旧语"，说明任此官升迁迟滞。陈康祺又作按语曰："京官谚语，'一洗万古'与'大业千秋'并称，盖谓司业升阶，与洗马同一濡滞，故词臣均视为畏途。"（陈康祺：《郎潜纪闻初笔》卷十，坊局升迁之滞）也就是说，国子监和詹事府中的某些官职同样都是升迁缓滞的。

到了清末，翰林等文学侍从的优势地位发生了转变，不再居于官场上的宠位。这一方面是由于六部司员皆可由捐纳取得，已非先时之清雅，另一方面翰林官本身也变得"冗杂"无常制了。它揭示了传统的官僚体制在运行到一定的阶段后，已处于无可调解的矛盾状态之中。而清要衙门与循资升转的改变，则意味着传统政治在清末已从其官僚制度上开始了颠覆的步伐。

作者简介

刘凤云，1952 年生，哈尔滨人。中国人民大学清史研究所教授、博士生导师。主要著作有《清代三藩研究》《一代枭雄吴三桂》《明清城市空间的文化探析》等，主持国家清史纂修工程传记项目和"清前期地方行政与吏治研究"等国家及教育部项目。

乾隆帝惩贪屡禁不止探因

刘凤云

有清一代，乾隆朝官吏贪墨之风尤盛，其时，不仅案件多发，娄赃巨大；而且上至部院督抚，下至胥吏衙役，几乎无官不贪，尽管乾隆帝屡兴大狱，然诛殛（jí，杀死）愈众，而贪风愈盛。本文拟就此谈几点认识。

一、执法不一

乾隆皇帝虽明确规定：凡官员犯有侵贪、亏空、苛索、贿赂、欺冒、挪移、盗库等贪污行径，一经发觉，严惩不贷，强调"不可为贪官开幸生之路"（《清高宗实录》卷三百六十五），并以"斧锁一日未加，则侵贪一日未止"（《清朝通志》卷七十八，刑法略），实施严刑峻法。然而，专制政治，赋予了统治者在执政过程中以很大的随意性，故而乾隆帝个人的权力和意志常常凌驾于法律之上，其主要表现为：

其一，因人立法，徇庇亲信。诸如云贵总督李侍尧，在四十五年（1780），因贪赃索贿，为云南储粮道海宁参劾，由于情节恶劣，大学士九卿会议斩决，但乾隆帝认为李侍尧在督抚中最为出色，遂百计回护，命各直省督抚重议。但当各督抚多请照初议定罪时，乾隆皇帝犹欲开脱之，对支持九卿之议的富勒浑等人大加斥责，并不顾众意，以"罪疑惟轻，朕不为已甚之事"，下诏将李侍尧定为斩监候。不久，即降特旨，赐其三品顶戴花翎，起用为陕甘总督。此后，李侍尧贪渎如故，而"上终怜其才，为之曲赦"。又如，闽浙总督陈辉祖亦以"能事"为乾隆帝所器重。四十六年，陈辉祖因其弟为王亶（dǎn）望贪污大案成员，当坐瞻徇情弊罪，交刑部治罪。但乾隆帝却极力开释之，他说："朕断不肯因其弟株连，遽置重典。陈辉祖尚属能事，著加恩免其治罪，降为三品顶戴，各留本任。"（《清史列传》卷十八，陈辉祖传）而且，还委其以查抄王亶望赃物的重任，陈辉祖借机侵贪，又酿成一起侵盗官物的大案。尽管如此，乾隆帝意犹宽容，降旨改斩立决为斩监候，只因新任闽浙总督富勒浑、浙江巡抚福崧等连章劾奏，以闽浙两省仓谷亏空等情实，证实了陈辉祖为政之贪。乾隆帝这才迫于形势，赐令自尽。

其二，以时立法，时宽时严。乾隆帝在其统治前期，执法尚为严厉，二十余年中，共处置贪污大案七起，即兵部尚书步军统领鄂善案、浙江巡抚常安案、江南河道总督周学健案、山东巡抚鄂乐舜案、湖南布政使杨灏案、云贵总督恒文案，以及山东巡抚蒋洲案。这几起案件，犯赃者家被籍没，人被处死。其中，蒋洲乃前大学士蒋廷锡之子，亦严惩不贷。为此，乾隆皇帝还特加指示："外吏营私贪黩，自皇考整饬以来，久已肃清，乃不意年来如杨灏、恒文等案，屡经发觉，而莫甚于蒋洲此案，若不大加惩创，国法安在？"表明了这一时期乾隆帝在执法上的严肃性。但是，在更多的情况下，特别是到其统治后期，乾隆帝惩贪则"多从宽纵"。四十三年，粤海关德魁亏空税银，按律应赔两万余两，乾隆帝谕令全免。浙江巡抚福崧，早在五十二年盘查浙江省亏空案及平阳知县黄梅贪污案时，已发现其婪赃之蛛丝马迹，但乾隆帝未予追查，只将福崧改调他省。此外，像于敏中、杨景素等人，皆赃私累累，乾隆帝直到他们死后才予以处置。其宽纵的结果，必然为官吏营私舞弊大开方便之门，"督抚等遂尔无所敬畏，任意妄行"，酿成乾隆后期一起又一起的贪污大案。

二、宠重和珅

乾隆帝在其统治后期宠重和珅，当为人尽皆知的故事。他先后任命和珅为军机大臣、总管内务府大臣、领侍卫内大臣、步军统领和吏、户、兵三部尚书等官职，秉政达二十余年之久。乾隆后期的政治受到和珅的诸多影响。

据记载："时和公相，声威赫奕，欲令天下督抚皆奔走其门下以为快。"（钱泳：《履园丛话》卷五，秋凡尚书）"一时，贵位无不仰其鼻息，视之如泰山之安"，或"恃为奥援"极力攀附之。故而，随着和珅官职与官位的不断加升，其家也开始门庭若市。有人形象地描述道："和相当国，一时朝士若鹜，和每日入署，士大夫之善奔走者皆立伺道左，唯恐后期，时称为'补子胡同'。"（徐珂：《清稗类钞》第四册，讥讽类·补子胡同）补子是官服，说的是官员奔竞结交和珅的丑态，而时风可见一斑。至于官员走和珅门径的具体情形，嘉庆时查办的两淮盐政徵（zhēng）瑞行贿案可以说明一定的问题。两淮盐政是一肥缺，为了保住此缺，徵瑞供称：他于嘉庆元年（1796），和珅妻故逝时，馈银20万两，"彼时和珅意存见少，欲伊增至四十万，是以未收。而从前曾送过和珅二十万，当经收受。此外和珅交办缎匹物件等项，并奇巧之物，不可胜计"（《国朝耆献类征》卷九十六，徵瑞列传）。

和珅婪赃纳贿，直接导致了两个后果：其一，官员在政治目的与利益的驱使下，或自上索贿，导致下官搜刮民脂民膏；或监守自盗，亏空国帑。其二，上行下效。和珅恣意贪婪，官吏争相效尤，有恃无恐。故乾隆后期的贪污大案，凡情节严重、手段卑劣者，多与和珅有关。

和珅为了满足乾隆帝的挥霍欲望，还挖空心思，在四十五年推出"议罪银"制度，规定凡官员坐罪，可以通过缴纳银两的方式得到豁免或减轻处罚，议罪银所得款项均入内务府各库，它增加了皇室的收入。然而，官员的贪污行径更加肆无忌惮，有人在缴纳议罪银后旋即再去婪赃索贿，形成恶性循环。

三、纵情奢华

就乾隆皇帝的个性而言，他除了"日励自心强不息"之外，还好大喜功，醉心于盛世太平君主的享乐中，纵恣奢华。其突出表现有两点：

一是大量收受贡纳。凡逢年节、寿诞、庆典，地方官员都要向皇帝献纳，称为"土宜物件"。虽然乾隆帝多次发布上谕，要臣下勿进或少进贡品，但却从不停止收受，甚至还有以摊派的形式强征的事情发生。如五十五年，乾隆帝八十大寿，"内外宫殿，大小物仪，无不新办。自燕京至圆明园，楼台饰以金珠翡翠，假山亦设寺院人物，动其机栝，则门窗开阖，人物活动。营办之资无虑屡万，而一毫不费官帑，外而列省三品以上大员俱有进献，内而各部院堂官悉捐米俸，又以两淮盐院所纳四百万金助之"。这次庆典所用经费共计 1144297.5 两（吴晗辑：《朝鲜李朝实录中的中国史料》卷十一，正宗实录二）。其中地方官报效数额占62%，均"按其通省养廉数目，量其多寡，酌量令其扣缴十分之二五"（《高宗纯皇帝八旬万寿臣工报效经费数目》档案，见鞠德源、林永匡《乾隆勒索盘剥官商民史料》)。

二是巡幸无度。乾隆在位期间，六次南巡，七次东巡，五次西巡，至于近畿京郊，车驾时出，数不胜记。凡巡幸所经，虽有赈济灾民、治理水患等惠政，但供需之侈，费耗之巨，亦是人所共知的。如每次南巡，随行人员多达2500多人，在车驾往返5800余里的行程中，陆路用马五六千匹，大车百余辆，水路用船千余艘。而巡幸的准备工作，早自前一年便开始进行，并由亲王任总理行营事务大臣，负责勘察道路、修桥铺路、修葺名胜和兴建行宫等等。排场上极尽扬厉，饮食上也相当讲究。

乾隆帝的纵情骄奢，必然影响到时政和时风。首先，大小臣工为迎驾纷纷效尤。仅以各地给皇帝搭盖的彩棚为例，最初是因乾隆帝回京经由山东、直隶时，天气已渐炎热，需搭棚避暑。后为取悦帝意，各地争相攀比，便一律搭棚接驾，以至竟成千里御道彩棚相望之一大景观。又如苏州的狮子林，本已荒芜多年，地方官自第一次南巡后开始修复，历经十年，至三次南巡时，终成一座风景秀丽的江南名园。

其次，直接加速了吏治的腐败。地方官无论贡纳还是巡幸办差，都要耗费巨额银两。这给地方官办差造成巨大压力，并成为其贪污的口实。

乾隆朝贪风之盛，其原因是多方面的。从根本上说，它是封建官僚政治日趋腐败的产物，而盛世之下，官绅士子追求豪华生活的社会风气，也为官员贪蠹提供了特殊的环境。除此之外，乾隆皇帝个人的政治素养、统治作风，以及性格与爱好，也都对时政产生了重要的影响。

清朝第一大贪污案

倪玉平

乾隆继位后，一改雍正严酷之风，施政主张宽严相济。但对于贪污，乾隆却一直严加惩治。乾隆三十九年（1774）开始的甘肃捐监冒赈案因贪污数量大、延续时间长、牵涉官员多、惩处罪犯严，被后人称为"清朝第一大贪污案"。

一、误用贪官，好事办坏

乾隆三十九年，陕甘总督勒尔谨以甘肃省土地贫瘠，时有灾荒，常需政府救济，请在甘肃实行捐纳，让无法考取功名而财力有余的人，向政府缴纳一定数量的粮食换取监生名号。捐纳之风从明清以来就一直盛行不衰。乾隆帝于四月十八日准勒尔谨之奏，并特意将"能事之藩司"王亶望调任甘肃布政使，负责捐监事宜。

王亶望赴任之后6个月，向乾隆帝报告了甘肃省的"捐纳"情况：目前已有19017余人前来捐纳，共收得粮食827500余石。看到奏折后，乾隆帝心有疑问：甘肃百姓向来贫穷，怎么会有近2万人前来捐监？开捐半年就收到粮食80多万石，年复一年，势必会无处存放，潮湿损坏，又该如何处置？不久甘肃回奏称，因为平定少数民族起义后，新疆与内地的商品流通日益发达，商人们获利颇丰，甘肃为商民必经之地，所以报捐者很多。而甘肃省雨水稀少，连年大旱，需要大量的粮食赈济百姓，所收监粮正好用于赈济百姓。乾隆帝一时也找不到破绽，便批示："尔等既身任其事，勉力妥当可也。"乾隆帝没想到，王亶望所收"监粮"，竟全系纸上之数，仓库之中一粒未有；他所上报的"赈灾"粮食，也从未送到百姓手中。

骗局没有被揭穿，王亶望等人的贪欲愈来愈甚，上报的收捐数目也愈来愈多，到乾隆四十二年五月，在不到三年的时间里，他所上报的"粮食"已多达 600 多万石，是甘肃省全年赋税的 7 到 8 倍。报捐人数和所收粮食数，不仅在甘肃省是空前的，就是在全国也名列榜首。同时，三年内甘肃省所奏报的"赈灾粮食"发放数额也多达 600 多万石。因为捐监有功，王亶望被提升为浙江巡抚。四十五年春，乾隆帝下江南，王亶望投其所好，竭力逢迎，大肆铺张，得到了好大喜功的乾隆帝的欢心，乾隆帝还赏赐王亶望之母御书匾额，以及大缎二匹和貂皮四张。此时的王亶望，官居从二品，是独领一方的封疆大臣，踌躇满志。

二、多雨生疑，顺藤摸瓜

乾隆四十六年三月，甘肃河州发生回民苏四十三起义，乾隆帝派最为亲信的大臣阿桂前往平定。阿桂在上报军情的奏章中，多次提到由于当地雨水太多，官兵推进困难。乾隆帝回想到过去甘肃的灾情报告总是"连年干旱"，不禁疑心大起："该省向来年年报旱，何以今年雨水独多？此中有无蒙蔽？"他觉察到甘肃年年报旱可能有诈，于是命阿桂等人仔细查办。

阿桂很快就查明，王亶望等人的"捐纳"，所收的不是粮食，而是银子。乾隆帝随即命闽浙总督兼浙江巡抚陈辉祖，查讯在浙江家中丁忧（旧称遭父母之丧）的王亶望，又命接替王亶望出任甘肃布政使的王廷赞呈报捐纳私收折色（中国历史上对原定赋税征收之财物称本色，改征其他财物称折色，清代折色专指银两）的情况。六月初，王廷赞上疏辩称，自己到任后，原不许折色，因无人报捐，只得照旧章办理；又担心粮价不一，所以统一规定，报捐者以55两为准。

六月初十日，乾隆帝指出，甘肃开捐，原本是为收粮赈济，自应收取本色，岂能公然核定折收价格？如此重大之事，为何甘肃各级官员从无一人对朝廷提及？况且，所定55两银子的价格，表明该省的粮价并不算高，粮源充足，又何必赈济？三天后，陈辉祖报告说，王亶望承认在办捐过程中，确实听说过有折色一事，并曾就此事责备过属下，但考虑到收银后可以补购粮食，所以也就不了了之。乾隆帝不相信这种辩解。又过了四天，因阿桂再报"连遇阴雨"，无法采取军事行动，乾隆帝连下几道谕旨断言："甘省如此多雨，而历年来俱称被旱，可见冒赈是假，贪污是实。"他指令阿桂一定要追查到底，务必水落石出。

到七月初，阿桂将王亶望等人在甘肃省折收捐纳、冒销赈粮等违法乱纪事实，查明上报。乾隆帝于七月三十日上谕对案情作了概括：王亶望上下其手，公然征收折色；勒尔谨竟如木偶，毫无见闻。王亶望又依靠兰州府知府蒋全迪，胡乱编造全省各地的旱灾情况，报销冒领，下面的地方官更是上行下效，串通一气，肆无忌惮，所以造成了如此重大的贪污案件。

三、集体作案，触目惊心

王亶望等人所收的捐纳银两和贪贿，已经无从知晓具体数额，但可以肯定，数目必然非常巨大。按王亶望所说的收捐800余万石，则共有捐生18万余人，以每名55两计，所收的银子应该有1000多万两，而这1000万两银子，最后全部消失在"赈灾"活动中，也就是说，全部被这帮"蛀虫"侵吞了。其贪污数量之巨，堪称清朝之最。浙江查抄王亶望家产时，虽然闽浙总督兼浙江巡抚陈辉祖私自侵占不少，但上报的数字仍高达300万两。

四十六年七月三十日，乾隆帝上谕将王亶望立即正法，勒尔谨自尽，王廷赞绞监候。八月十八日，乾隆帝又对其他涉案官员做出处理：贪污在2万两白银以上者，立即正法；2万两以下者拟斩监候；1万两以下各犯亦斩监候，并随时请旨定夺。通计甘肃官员，前后赴刑场正法的多达56人，而以后又陆续免死流放的则有46人之多。

甘肃省当时共有直隶州6个，直隶厅1个，州6个，厅8个，县47个，而最后被追查出来的贪官即达100余人，其中县官63人，知州5人，同知3人，通判5人，县丞2人。经过此番审理，甘肃省的官员几乎"为之一空"。而且这还只是指贪污数量在1000两银子以上的人，如果贪污数额划定不是以千两为底线，细查下去，涉贪人员必定更多。

这种上至总督，下至州县衙役，全省官员几"无不染指"的大规模集体作案，在清朝的历史上是很少见的；而一次就斩杀、绞决、流放如此多的贪官，更是闻所未闻。回想到"内外大臣，皆知而不举"，以致形成如此贪污巨案，也使得乾隆帝"思之实为寒心"，不得不当即停止了甘肃和陕西的捐监之事。

四、案中有案，又揪贪官

王亶望的家产被查抄后，由浙江运解京城。乾隆帝亲往验收，发现所交物品大多平淡无奇，与这位大贪污犯的身份很不协调。九月初七日，乾隆帝再次派大学士阿桂和户部右侍郎福长安前往清查，同时还要陈辉祖也来参与对此案的审理，他深信"陈辉祖深受朕恩，必不肯同流合污"。

没过几天，在接见浙江盐道陈淮时，乾隆帝才得知查抄王亶望之财产时，浙江官府曾有公然以黄金换白银的情况。乾隆帝感到此举绝非抄家的兵丁营私舞弊所为，怀疑与陈辉祖有直接关系，于是命将陈辉祖革职审查。

十月下旬，阿桂等人通过陈辉祖的家人刘大昌等供词得知，陈辉祖曾偷换过玉器字画等，兑换黄金 800 两。接着，署河东河道总督何裕成也报告乾隆帝，陈辉祖曾给其妻舅送银 3 万两，"令开典铺生息"，又在去年十月份，送来杂色金子 1000 余两，要他兑换银子，并叮嘱他"勿向人言"。

王亶望案中之案终于暴露了。十二月初二，乾隆帝对陈辉祖一伙作出处理决定：陈辉祖斩监候，秋后处决（次年因又查明其亏空仓谷银钱多达 130 余万，"令其自尽"）；布政使国栋、知府王士瀚、杨仁誉，通同作弊，从中分肥，均判为斩监候；知县杨先仪、张翥（zhù）直接经手其事，却不闻不问，发配新疆充当苦差；布政使李封、按察使陈淮对此事毫无察觉，著革职并发往河工效力赎罪。

至此，历时十年的甘肃捐监冒赈案在乾隆帝直接过问下才最终宣告结束。然而，该案也暴露出乾隆朝在用人和赈灾等制度上存在的弊端和漏洞。

作者简介

倪玉平，1975 年生，湖北汉川人。北京师范大学历史学院副教授。专著有：《清代漕粮海运与社会变迁》《博弈与均衡：清代两淮盐政改革》等，论文有：《〈汇核嘉庆十七年各直省钱粮出入清单〉所载关税额辨析》等数十篇。

嘉庆朝紫禁城之变

李尚英

距今 196 年前的秋冬之际，在清皇朝的统治中枢——北京皇宫（紫禁城）内发生了一场惊心动魄的战斗，这就是仁宗嘉庆十八年（1813）天理教徒举行的以攻占紫禁城为主要目的的反清起义。

北京是清朝的京城，号称"首善之区"。乾隆后期至嘉庆前中期，由于统治阶级过度的抢夺、兼并土地，以及官吏贪污、营私舞弊盛行，经济发展缓慢，人民生活贫困。据史载，京城外数十里之地即是一片茅草房屋，一如穷乡僻壤，广大人民家无积蓄，"一遇凶年，支绌立见"。嘉庆时期，京畿地区和直隶、山东、河南三省占有数百上千亩土地的地主比比皆是；而广大农民终岁辛劳，"服田力穑，乃亦有秋季啼饥号寒，几于无生"之人。嘉庆十七、十八年上述地区连遭自然灾害，到处都是"歉收处所"，京畿有的县一亩地只打一二斗粮食。广大人民衣食无着，"皆以草根树皮糊口度日"，地方官吏又乘机催科、派差，更加重了民众的负担，以致"思乱者众"。京畿地区终于在嘉庆十八年九月，由以破产农民和手工业工人组成的天理教发动了惊人的"紫禁城之变"。嘉庆帝在起义失败后，"几暇静思其变故"，不得不承认"总由贫困而起"。这确是问题的症结所在。

天理教是由活动在京畿地区的弘阳教、坎卦教和活跃在直鲁豫地区的以震、离二卦为主的八卦教联合组成的一个民间秘密宗教团体。它的首领主要是林清（京畿）、李文成（河南）、冯克善（山东）。他们从传教收徒、扩大组织到武装起义，经过了长期的准备。早在嘉庆十六年，三人就多次秘密集会，制定嘉庆十八年的起义计划，决定由林清负责先攻取北京，李、冯在分别夺取河南、山东后派人马接应，会师后，趁嘉庆帝巡幸回銮中，将满族统治者赶回东北。

从嘉庆十六年起，林清就在京畿一带积极传教收徒，为起义做准备。他命令天理教骨干李五在固安县加紧打制刀枪武器；又从居住在宛平县的天理教信徒中选拔精壮青年200余人，每天舞弄枪棒，进行操练，组成了一支起义军。同时，林清又秘密联络宫中地位低微的太监，使他们成为起义军进攻紫禁城的向导和内应。

嘉庆十八年初，林清在京畿地区广泛宣传夺取天下的思想，制造了各种谶（chèn，谶语：迷信的人指事后应验的话）语，如"若要白面贱，除非林清坐了殿"，天理教"要改天换地了"等，实际上成为起义的一种舆论准备。八月，林清和李文成派来的刘成章共同议定了京畿地区起义的具体计划，决定以"奉天开道"白布旗为标志，暗号是"得胜"；组成一支100余人的队伍，每人头上、腰间各缠一块白布，上面写着"同心合我，永不分离"或"四季平安"字样，作为识别标志。林清还决定，起义军分东西两路，分别在太监刘得财、刘金、杨进忠、高广幅等带领下，由东、西华门攻入紫禁城。

正当起义准备工作基本就绪之际，河南李文成等人因机密失泄被捕。为搭救李文成等人出狱，其部下于九月初七日提前起义。林清却因不知此事，仍按原计划行事。

九月十五日晨，天理教徒分作东西两路，东路在首领陈爽、陈文魁带领下进攻东华门，西路在刘第五、祝现等带领下进攻西华门。日方晡（bū，晡时：指下午3点至5点之间）时，来到东华门的天理教徒，由于和往宫中送煤的人发生了争执，一名天理教徒脱衣露刃，送煤人急声呼喊，被守门清军听见，急忙关闭宫门。天理教徒见势不妙，即刻抽出战刀，径直冲入门内。结果只冲进了陈爽等数人，大门就已关闭，陈文魁和大部分教徒则被挡在门外，被迫分散，各自出城隐匿起来。陈爽等在太监刘得财、刘金引导下，于协和门与清军展开激战。礼部侍郎觉罗宝兴命人关闭景运门，入告皇次子旻（mín）宁（即后来的道光帝）。旻宁慌忙下令取撒袋、鸟枪、腰刀迎战。

攻打西华门的天理教徒，在太监杨进忠的接应下，全队五六十人顺利冲进门内，迅速关闭城门，以拒官军；又爬上城楼，插上白旗，以号召城外的天理教徒。接着有一部分天理教徒向皇帝居住的养心殿进发。他们打着"大明天顺""顺天保民"的小白旗，由太监高广幅等引路，很快打到隆宗门一带，此时门已关闭。天理教徒抢下门外摆放的弓箭，施放起来。至今隆宗门匾额右上方遗留的一支箭头，很可能就是他们所射。另一部分天理教徒也打到文颖馆、尚衣监等地，与清军展开了激烈的白刃战。

天理教徒攻进紫禁城，使清统治者猝不及防，乱作一团。旻宁与几个亲王仓皇迎战。这时几个天理教徒已翻越宫墙来到养心殿附近，旻宁慌乱中用鸟枪击毙两名教徒。礼亲王昭梿、庄亲王绵课闻变后，临时调来千余名火器营兵，赶至隆宗门下，与天理教徒展开激战。天理教徒虽拼命抵御，但因力量悬殊，寡不敌众，很快即被打散，刘第五、祝现等人跳城逃脱，未能冲出的也在慌乱中分别潜伏于宫中各处，继续坚持战斗。天理教首领李五在清军搜捕时，挺刀"与官兵格杀，被伤甚重，是夜毙焉"。有一位天理教徒在嘉庆二十二年被捕后回忆当年在紫禁城内的战斗情形时说："我藏在夹道子里，只见一个头戴水晶顶大花翎子的官员，向一个白布缠头拿刀的追赶，那官员赶上，踢掉刀子，就用腰刀将他杀了。我因同教的人被杀，就上前拾起刀子，把他砍倒。……我是习教弟子，一秉至诚，死而无怨。"这些都表明天理教徒奋不顾身、视死如归的大无畏精神。

与天理教徒的顽强斗争精神形成鲜明对照的是清统治者的种种丑态。宫廷内的后妃、皇子以及显贵大臣、武将勋戚等，平时作威作福，神气十足，然而紫禁城内的惊人之变，犹如晴天霹雳，吓得他们魂飞魄散，尽成惊弓之鸟，纷纷逃离紫禁城。直至九月十七日，皇亲国戚以及大臣、兵丁还心神未定，遇有动静，草木皆兵。

九月十六、十七两日，清军在宫门内大肆搜索，擒获30多个天理教徒。十七日早，由于叛徒告密，坐镇大兴黄村的天理教首领林清被捕。至此，天理教在京城的反清起义以失败而告终。

紫禁城之变发生时，嘉庆帝正驻跸（bì，驻跸指帝王出行时沿途停留暂住）热河。他得知消息后，惊恐万状，马上中断"秋狝（xiǎn，古指秋天打猎）行围"，"即命回銮"，于十九日回到紫禁城。对于这次事变，他一面故作姿态，下"罪己诏"；一面大骂林清和天理教徒骚扰禁城，谋危社稷，"罪大恶极"。在派兵捉拿林清的同时，又命火焚黄村，"终夜火光燎然"。嘉庆帝又多次指示内阁，对造反的天理教徒"必应详审周密，勿留遗孽"。二十三日，他亲至中南海丰泽园当堂审讯和处死了林清和太监刘得财、刘金等人。此后又对其他被捕的天理教徒进行了长达40多天的严酷刑讯，施用了各种惨绝人寰的酷刑，最后将300多名天理教徒及其家属分别处以死刑、流徙和发遣到边疆为奴。

清廷在镇压了京畿地区的天理教起义后，又集中精力先后镇压了河南李文成、山东冯克善领导的反清起义。

林清领导的天理教徒攻打紫禁城的战斗虽然失败了，但它是中国历史上的一次惊人的壮举。紫禁城在明清两代统治者的眼里从来都是"固若金汤"的，这次居然被几十名手持大刀的天理教徒一拥而进，搅得不宁，充分暴露了清统治者的腐朽、没落。难怪嘉庆帝在谕旨和诗词中不止一次地哀叹："我大清以前何等强盛，今乃致有此事"；"从来未有事，竟出大清朝"；"酿成汉、唐、宋、明未有之事"。这是清朝统治中国170年来，最高统治者第一次对自己的统治权力产生的巨大危机感。后人也曾指出："自是之后，清廷纲纪之弛废，臣僚之冗劣，人心之不附，兵力之已衰，悉暴无遗。……故是役为有清一代兴亡之关键。"这充分说明，林清等人领导的这次反清起义，在嘉庆初年川、楚、陕、甘、豫五省白莲教起义的基础上，更进一步地把清朝推向下坡路。

作者简介

李尚英，男，1942年生，辽宁人。中国社会科学院研究生院教授，学报编辑部原副主编、编审。主要著作有：《清代政治与民间宗教》等。

嘉庆朝花杰弹劾戴衢亨案

朱诚如

嘉庆十四年（1809），一件纠劾大案震惊了朝野。弹劾者是人微言轻的礼科给事中花杰（言官，正五品），被弹劾者是当时深受嘉庆帝宠信的军机大臣、户部尚书戴衢（qú）亨，涉案者为长芦盐商查有圻（qí）。一场势不均力不敌的较量由此迅速展开。花杰奏疏所揭示的内容，及其后朝廷对该案的审理及结局，颇耐人寻味。它留给后人的思考，超越了案件本身。

查有圻、戴衢亨其人

查有圻原名江公源，因过继给给事中查莹而更名。嘉庆二年，承办长芦行盐口岸（今河北省、天津市渤海沿岸，长芦盐区为北起山海关南至黄骅市盐场的总称，历来为中国主要海盐产区）40余处的盐商王佩，因欠税过多，无力承运，被迫撤出。长芦盐引重新签商承办，旋选由查有圻等14商分办，其中查有圻获引地最多最广。

中国自汉代开始，实行食盐专卖，国家由此获取税收，盐税成为财政的主要收入之一。得到政府特许的经营食盐购销的盐商，亦由此获取巨额利润。富可敌国的盐商，历史上并不少见。

盐商之富除了获取正常营运中的利润而外，与政府高官的勾结，则是其获取不正当利益和稳固其垄断地位的重要手段。查有圻深谙此道，其交结、钻营朝廷达官显贵的手段五花八门，可谓无所不用其极。

清代，对国家政务最具影响力的当数军机大臣；六部尚书中，对国家财富最具控制力的又数户部尚书。盐商查有圻不择手段地交结，继而大肆行贿的正是当时任军机大臣管户部的戴衢亨。

戴衢亨，字荷之，号莲士，江西大庾（今江西大余）人。他出生于官宦之家，其父戴第元官至太仆寺少卿，叔父戴均元任南河总督。乾隆四十一年（1776）戴衢亨于天津应召试，取为一等，以内阁中书补用，第二年命在军机章京上行走。四十三年，以一甲一名进士授翰林院修撰。其于乾隆当政时，累迁至户部侍郎。戴衢亨聪敏过人，学识渊博，其文尤佳。嘉庆元年，朝廷大典时的宏章巨制，皆出其手。戴衢亨于乾隆朝，因出于大学士于敏中之门而遭和珅忌恨，故未得迅速升迁，直至嘉庆帝亲政后，方获重用，逐渐成为集政务、财政大权于一身的朝廷重臣。

花杰纠劾的主要内容

综观花杰弹劾戴衢亨奏疏，涉及诸多问题。按《大清律》和案例，件件皆可置戴衢亨于死地。其主要内容是指称戴衢亨接受查有圻贿赂，"罔知国计，只顾家肥。不为皇上持筹，专为奸商蒙蔽"的贪蠹行为。花杰将其所查所访所阅所思，形诸于笔墨，一一详尽地呈现于嘉庆帝面前。

查有圻与戴衢亨原有世谊，但并不熟识，其交结戴衢亨之途，开始时并不顺畅。嘉庆八、九年时，查有圻时常送礼，戴衢亨因鄙其为人不肯收受。至嘉庆十年，戴衢亨"军机用事，主持部务（户部）"，查有圻决意加大钻营力度。因无路可通，遂贿求戴衢亨之亲信家人柴明，为其入门铺路，同时嘱托戴衢亨的内亲王老助，贿求戴衢亨之妾齐氏，终于打开戴府之门，戴衢亨逐渐接受其馈送，往来遂密。从此，来自查有圻的馈送源源不断。嘉庆十一年，戴衢亨护从嘉庆帝东巡盛京，查有圻送银三千两；每遇节期、生日，除古玩玉器绸缎等物不计外，尚有赠银三千、二千不等；每月送钱或三四百千文不等，以供戴衢亨私宅日用。馈赠戴府金钱，都是查有圻亲自带银票当面交付，这些银票也都出自其所开设的恩源、兴源、广源、公泰、恒源等当铺。随后，戴府家人柴明则在德泰钱铺将银票换成现银现钱。除此而外，查有圻又为戴衢亨盖房、置房提供物资和金钱支持。戴衢亨于圆明园附近盖房，查有圻为其提供了木料及家具。戴衢亨在南城外的兵马司街、保安寺街、珠朝街等处置买房产五六所，也都是查有圻连年赠银所置。查有圻在肆意行贿的过程中，为了进一步巩固与戴衢亨的关系，又与之联姻，戴衢亨之女嫁入查门，查、戴成为儿女亲家。从此，查有圻赠钱赠物，戴衢亨收钱受物，"在旁人则为贿赂公行，在姻亲则为有无相助"，将行贿受贿变成了合法的互通有无。花杰认为，这正是"查有圻钻营之巧，而戴衢亨取财之奸也"。

查有圻投资如此之巨，来自戴衢亨的回报自然也很丰厚。花杰在奏折中称戴衢亨听任查有圻把持长芦盐务，形成"芦商惟查有圻是望，查有圻惟戴衢亨是倚"的局面。同时，徇庇以查有圻为首的芦东盐商任意拖欠引课（中国古代政府向盐商所征的税）、窝价（引商转让引地特许经营权的价格）和积欠。查有圻写信给长芦纲总（盐总商）任秉衡、宋思德、冯锦及代办樊宗清等，称已与戴衢亨言明，有积欠、窝价可以不交。长芦14盐商于嘉庆二年接办王佩盐引地时，相应承担了弥补王佩亏欠的责任，规定12年弥补完成。但查有圻等人十余年来，并未补亏。14盐商白手得引，获利十余年，查有圻引地最广最多，获利最巨。戴衢亨还准许芦东盐商私加砝码，获取巨额利润。芦东盐务日形废弛，商欠日渐增加，使国家遭受了巨额损失。当时两淮、两浙各盐商积欠，每处不过数十万，芦东则有800余万。

案件的审理及结局

花杰所劾问题重大，嘉庆帝特派大学士庆桂、董诰、禄康、尚书苏楞额传旨询问戴衢亨，令其解释花杰所弹劾问题。戴衢亨力加陈辩，一一为自己洗刷那些骇人罪名。其中，关于其受贿损公肥私自然成为其辩白的主要内容。关于与查有圻结姻之事，戴衢亨称其起初并未允诺，后因查有圻之母，将其孙数人，令其拣择为婿，始允结姻。关于与查有圻往来馈送之事，戴衢亨称其在户部多年，家中原有积存银数千两，交查有圻营运，因系姻亲，随时从查有圻处支用是有的，并无屡次馈送银两三千两，甚至每月送钱数百千之事。又称其每日在值时多，在家时少，于家务事"本不甚经理"。关于家中盖房接受查有圻馈赠之事，戴衢亨承认曾添盖住房数间，查有圻因家有积剩木料，说可以拉用，并有桌椅等家具可以借用。自己本不愿让他资助，查有圻硬是要送要借，最后讲明将来此屋和旧宅全给查家才答应留下木料家具，故房屋并非查氏出资代建。至于南城外自置房屋数处，原为取租，添补日用，置买已久，实非查氏所赠。关于允长芦盐商私加砝码之事，戴衢亨称系工部会同户部核议之件，其中有无弊窦，自己实不知情。关于徇庇长芦盐商不交积欠、窝价，实无其事。

戴衢亨的长篇辩护说辞，仅就其纳贿徇私而言，并不能完全洗白自己，但嘉庆帝却称其"陈辩甚明"，并为其被劾所有重要罪名大加辩护。关于戴、查两府联姻，嘉庆帝称："戴衢亨与查有圻联姻之处，查有圻本系宦家，与戴衢亨向有世谊，并非门户卑微、不可为婚之人。安得谓之有心援系。"关于戴受贿行私，则称"姻戚往来，岁时馈送，本属情事之常，人孰能免？"至于查有圻馈送物资助戴衢亨盖房，嘉庆帝则以戴衢亨因盖造房屋，查有圻帮助木料，借用桌几，以及在南城外置买房数处"尤为琐细，不足置问"，一笔勾销，如此等等不一而足。嘉庆帝对戴衢亨的庇护，决定了该案结局。再加上查有圻在朝廷官僚体系中营造的一张保护网，确保了戴衢亨、查有圻的安全。

嘉庆十四年七月，此案审结。参劾者花杰，被嘉庆帝指斥为误听邪言，滥行入告，有心诬蔑败坏别人名节，被交部加等议处。经庆桂等审理后，终被降三级调用。被劾者戴衢亨，因其将应在衙署办理的公务移在圆明园办理，招致外间议论，部议降二级调用。嘉庆帝以其被惩办过重，改为降一级留任。其时既是盐商又是刑部郎中的查有圻，未受任何处分。

一年多后，戴衢亨因病去世，被晋赠太子太师，入祀贤良祠，赐谥文端。戴衢亨全身而退，备享殊荣。时人昭梿在他著名的《啸亭杂录》里记载，戴衢亨"颇喜财货，屡纳苞苴（bāo jū，指贿赂），海淀别墅，大厦千间，雄壮瑰丽，虽王公第，莫若也"。昭示花杰弹劾案，其时若能公正审理，结局可能会大不一样。嘉庆十七年，长芦盐商加重砝码的罪行被揭露，失去庇护的查有圻终被发配新疆。

作者简介

朱诚如，1945年生，江苏淮阴人。曾任辽宁师范大学校长、故宫博物院主持院政副院长，现任国家清史编纂委员会副主任，《明清论丛》主编，北京大学历史系教授、博士生导师。主要著作有《简明清史》《康雍乾三朝史》《管窥集·明清史散论》等；主编《清朝通史》《辽宁通史》等。

清朝最大的银库案

倪玉平

清廷的中央财政，除皇帝的个人花销由内务府负责外，其余部分均归户部管辖。为了管理从全国各地征收上来的银钱、实物等税收，户部特设立三个大库，即银库、缎匹库、颜料库，分别存储各省每年解往京师的税银，绸缎布匹，以及铜、铁、铅、锡、颜料、药材等项物品，合称"户部三库"。简而言之，户部是清政府的财政中枢，户部银库则是专门为皇上保管银子的机构。

清朝的财政状况，在乾隆以前形势尚好，乾隆末年以后，财政日益困难，至嘉庆朝，几次大规模的农民起义，朝廷连年用兵，致使国库亏空，捉襟见肘。至道光年间，财政愈加败坏，特别是平定张格尔叛乱、黄河数次决口和鸦片战争三大财政耗案之后，又发生了本文所要叙述的震惊朝野的户部银库被盗案。

道光二十三年（1843），由于管理银库的大小官吏分赃不均，内耗起来，事情越闹越大，无法掩盖，终于传到了道光帝那里，库丁张诚保偷盗库银案遂遭曝光，并由此爆出道光朝乃至有清一代最大的银库盗窃案。道光帝震怒，谕令刑部尚书惟勤等人前往盘查银库，并一度亲自参加审问，最终获得全部真相。

银库汇集了全国历年来的税收银两，守备自然格外森严。银库由郎中负责，三年一任，大都从中渔利甚多。郎中以下，司库、书吏、兵役人等，也无不以此为利薮，其中尤以库兵为甚。库兵都是满族人，也是三年一换，通常一任可窃得三四万两银子，因此被视为"肥缺"。库兵轮流搬动库银，或进或出，每月总会进进出出四五次。每逢搬库，无论寒暑，库兵都要裸体，从堂官前鱼贯而入，入库后穿上预先准备好的工作服。搬运完毕，脱下工作服，裸体而出，至大堂前再次接受检查。检查时，库兵要平伸两臂，露出两肋，两腿微蹲，并张嘴学鹅叫，以防止他们有所夹带。通过检查后，才能外出。相传，库兵职业乃家世相传，他们从小就练习用肛门夹物，先练习夹鸡蛋，再依次换成鸭蛋、鹅蛋，以至于铁蛋。到最后，一个库兵每次可夹带大约十枚光滑的银锭，重百两左右。每逢出入银库，库兵们即将银锭夹带而出。

库兵偷盗库银，毕竟雕虫小技，比起管库的大员，实在是小巫见大巫。一方面，库吏动辄几十万、上百万地"移用"；另一方面，户部银库自乾隆时期和珅当国后，就从来没有认真清查过。嘉庆年间，虽然朝廷派过专员盘查，但由于受到库吏的贿嘱，无不模糊复奏，含混了事。随着吏治的腐败，库内侵蚀的情况愈发严重，有人说，"子而孙，孙而子，据为家资六十余年矣"。据欧阳昱（yù）的《见闻琐录》记载，嘉道时期，银库已经形成一套陋规体制，一旦逢皇上命御史清查银库，库官必献上规银 3000 两，御史之仆从亦可得银 300 两。

然而，其中也有廉洁奉公者。道光帝曾钦点给事中陈鸿前往户部银库稽查。陈妻得知消息后，对陈鸿说："今后，你就把我送走吧！"陈鸿吃惊地问她缘由。其妻回答道："银库是个美差，一旦沾染上银库中的恶习，必有许多人逢迎而至，灾祸也就不日降临，我不忍心见到你被皇上斩首啊！"陈鸿闻言，对天发誓，表示绝不受贿。这时，陈鸿家中已被摆上几盆花，不慎被陈鸿碰落打碎一盆，露出藏在其中的银钱。陈鸿见状，知道事有蹊跷，不免心怀惧怕。他到任后，采取措施：淘汰量银出入旧秤，另选精铁重新制秤，多方校验后方准使用；禁止挪压饷银，禁止空白出纳；请户部逐月移送收银总簿，另立放银簿，并加盖印信，以便考核。管库人员想把陈鸿拉下水，千方百计引诱他，陈鸿不为所动。但是像陈鸿这样的廉吏当时可谓凤毛麟角。

道光二十三年三月二十六日，刑部尚书惟勤等向道光帝详细汇报盘查银库的统计结果。惟勤等人称，经过查对户部送来的会计簿，银库应有历年积余的正项银12182116两。而经逐袋查验后发现，仓库中只有存银2929354两，共计短少9252762两。面对这份奏折，道光帝愤怒地朱批道："朕愧恨忿急之外，又将何谕！"

同一日，道光帝对内阁发布上谕称："户部银库设有管库司员，专司出纳，管库大臣总领其事，并多次派出王大臣盘查。近年又添设查库满汉御史，各该员果能认真经理，核实稽查，何至群相蒙混，酿成巨案？"现在银库竟亏空至900余万两之多，"实属从来未有之事，览奏曷胜忿恨"。自嘉庆五年（1800）以后历任管库及历次派出查库大臣，皆系亲信大员，竟毫无察觉，甚负委任，"不知诸王大臣有愧于心否？朕自咎无知人之明，抱愧良深"。

为了把这一前所未有的特大盗库案查清，道光帝重新组织了清查班子，派宗室载铨、大学士兼军机大臣穆彰阿、大学士兼户部尚书敬徵、兵部尚书裕诚、军机大臣兼工部尚书赛尚阿前往核实查办，对所有自嘉庆五年以后的历任管库司员、查库御史及库丁书役等，逐细查明，开列名单，从严治罪，并对短亏库银如何设法弥补的办法，以及如何防止类似的事情再次发生，提出具体意见。当然，他也明白，"惟事阅多年，官非一任，即书吏、丁役等，亦人数众多，倘不确切查明，恐致遗漏，幸逃法纲"。

当时离鸦片战争结束不远，清政府的财政状况本来就十分困难，现在又发现户部银库只有 200 多万两的储备，一旦遇有变故，实在无法应付，道光帝自然十分焦急，向内阁连发两道明谕：其一，要求清军官兵于各项需用，一概从俭，甚至要俭而再俭，兵丁军饷如不能按数发给，将来一定照数补发；其二，要求宗人府、户部、工部、内务府、三院、三山、太常寺、步军统领衙门、顺天府各堂官对所有大小工程及支领款项，可裁即裁，能省就省。

三月三十日，与库案有关的历任银库司员、查库御史名单开列出来，呈报道光帝。道光帝再命吏部，将这些人中现有官职或因故回旗回籍人员一律先行革职；已故者，继续彻查其子孙有无任职及现任何职，然后开列名单，交载铨、穆彰阿、敬徵、裕诚、赛尚阿从严查办。

四月七日，道光帝对银库案有关人员实行经济制裁：1. 自嘉庆五年至道光二十三年历任库官、查库御史，各按在任年月，每月罚赔银 1200 两，已故者照数减半；2. 因此次库案已经革职的荣庆等六人和尚未卸任的萨霖、宋林曙均加倍罚赔；3. 嘉庆以后历任管理银库的王大臣，每月罚赔银 500 两，历任查库王大臣，每次罚赔银 6000 两，已故者照数减半。

道光帝对银库案的处理是比较认真的，态度也是坚决的，就连最受他信任的军机大臣、大学士们，也不能幸免。比如道光朝身任宰辅多年的三朝元老、深受道光倚重的大学士、军机大臣曹振镛，也因库案所涉，被减半罚赔银 2 万余两，其人虽已去世，由其子照数赔补。其子赔补 1 万两后，因病身亡，又改由其孙继续补缴。曹振镛如此，其他人不问可知。

　　此案虽然处罚了许多人，但最终的结果却并不理想。道光帝起初打算将所有涉案人员全部革退，但考虑到涉案人数实在太多，如果一锅端掉后，恐职事无人接手，最终只得睁一只眼闭一只眼，全部从宽处理，将革职改为留任，只是把查库御史全部取消。至于管库制度，则并无任何实质性的改进。这起从来未有的银库盗窃大案就此了结。晚清吏治腐败、政局危急已无力自救。

清律中的"犯罪存留养亲"

林　乾

　　本文试图以清代"犯罪存留养亲"的法律规定及其变化，从一个侧面，探究传统中国法的"人道"意涵，特别是清代的发展变化。

　　中国传统文化中的人道意涵，更多是指礼教所规定的纲纪人伦，但也含有尊重生命、关怀人等现代意义的人道精神。孔子关于"仁"的学说的基本出发点，抛却人的等级差别，即是对人的普遍关爱，所谓"天地之性人为大"。而与法律相关，更强调"人道"为重，这就是子产所说的"天道远，人道迩"。这一经典，经过汉儒董仲舒等人的理论阐发，在遥不可及的天道与随处可见的人道之间架起了一座桥梁。因而，天道通过人道，具有了某种真实存在的自我省察功能，如历代的"省狱""恤刑"，及决囚以时等等。同时，传统人道更多体现在施政上，这就是孔子所说的"人道敏政，地道敏树"（《礼记·中庸》第三十一）。孔子的这段话，是儒家精义的核心所在，我们通常所说的法律儒家化，都可以从中找到渊源。

　　传统中国法存在诸多"人道"意涵，在人类的法律文明进程中，具有独特而重要的人文价值，以"犯罪存留养亲"而论，它创自后魏（薛允升：《唐明律合编》第40页，法律出版社1999

年版）。这是在国家及社会公共服务职能极不发达的前提下，体现了对年长及废疾等弱势者的保护，有较强的人道意涵。唐律对犯罪存留养亲，规定必须同时具备两个必要条件。一是犯罪者的祖父母、父母（包括曾祖父母、高祖父母），年龄80以上，或者笃疾（患重病）；二是犯罪者家中，老疾者没有期亲（jī qīn，服丧一年的亲戚，指伯父、叔父、兄弟等）以上、年龄在21岁以上59岁以下的成年男丁。在这样的条件下，按照法律规定，犯罪者可以缓刑。主要包括犯死罪和流刑两种情况：犯死罪者，由犯罪者向刑部提出申请，由刑部报请皇帝批准；犯流刑者，由刑部决定。缓刑期限，以前两个要件之一不复存在为准，即养亲至终，或家有期亲成丁，此时，犯死罪者，须"更奏"，即奏请皇帝，听候处置。总体上看，犯死刑者适用缓刑较少，且有限定条件，即所犯"死罪非十恶"者，而犯流刑的适用范围较宽。明律沿袭唐律，但有所变化。

就趋向而言，自唐律将存留养亲纳入法典，至明朝，适用范围不宽，而到了清代，却发生重大变化，适用范围宽泛，例文即有17条之多，以致秋审四册，"存留养亲"单列一册，说明此项法律已作为常行法出现在日常审判中。

首先，清律适用于存留养亲的范围更加宽泛。犯死罪者，即使本身杀人，也按例得以申请留养，而犯罪者如属戏杀、误杀、擅杀、斗杀，则随案声明，准其留养；犯以上情节，犯案时不符合留养条例，成招（撰写判决书）定案时符合条件者，也准其留养。这样的适用，使得很多犯罪杀人者，得以免处死罪。故清末著名法学家、司刑政近四十年的薛允升称："近数十年来，戏杀等案，均于秋审时取结留养，随本声请者十无一二，而此例亦几成虚设矣。"（《读例存疑》点注本第43页，中国人民公安大学出版社1994年版）这就是说，唐明律中不准或者必须由皇帝上裁的杀人犯罪，直接在秋审时另外造册实行了。此外，如犯死罪者，其母守节 20 年，也在留养之列。清律还专门定有不准留养的条款，这也说明，"存留养亲"已成为一种常态，而非以往唐明时期的个别案例。

其次是刑事处罚民事化处理，如雍正三年（1725）例规定：凡犯罪，有兄弟俱拟正法者，存留一人养亲，仍照律奏闻，准其存留养亲者，令地方官酌量该犯情节轻重，根据有力（财力）、无力，分别追银 50 两、20 两，给予死者家属。这项规定的实质是刑事案件民事处理，即采取经济补偿的办法，以恤死者之家。针对"止存给付之名、而无领受之实"，即执行难的问题，规定以后刑部处理此类案件，务必交给地方官，照数追给，然后将犯罪者释放，并报部存案；反之，不得将犯人释放（《世宗实录》卷三十七）。

第三是由存留养亲，延伸到存祀（指后代）养亲。传统中国法的宗族特征十分明显，因而，一家绝其宗祀，被视为最大惩罚。雍正四年五月，刑部以旌德县民吕高戳死亲兄，依律拟斩奏闻。雍正帝以一家只有兄弟二人，弟殴兄至死，而父母尚存，按照法律可以存留养亲；倘父母已故，而兄死弟抵，必至绝其祖宗禋（yīn，烧柴升烟以祭）祀。称"此处甚宜留意"，著九卿确议具奏。随即议定：除争夺财产，谋杀故杀，按律正法外，倘系一时争角、互殴致死胞兄，而父母已故，别无兄弟，又家无承祀之人，应令地方官据实查明取结，疏内声明，如蒙恩准其承祀，将该犯免死减等（《世宗实录》卷四十四）。乾隆四十三年（1778）条例规定：夫殴妻致死，无故杀别情者，果系父母已故，家无承祀之人，承审官据实查明，取具邻、保、族长甘结，该督抚定案时，止将应行承祀之处，于疏内声明，统俟（sì，等）秋审时，取结报部。刑部会同九卿核拟，另册进呈，恭候钦定。如其承祀，将该犯枷号两个月，责四十板，存留承祀。至原题时，亲老、丁单声请留养之犯，遇有父母先存后故，与承祀之例相符者，亦俟秋审时确查，取结另行报部。九卿一体核拟具题。倘有捏称家无承祀之人，希图脱罪者，将本犯照例治罪，承审取结，各官及邻、保人等，照例分别议处治罪（《大清律例根原》名律例五，中国政法大学善本书库藏）。后来又扩展到"凡斗杀等案"，也相应处理。对此，薛允升并不赞成，认为"平情而论，留养已属宽典，若推及于承祀，则未免太宽矣"（《读例存疑》第44页）。

但由于留养承祀在适用时过于宽泛，为此，乾隆八年又进行修改，予以限制，规定：凡弟殴胞兄致死，有家无次丁，而祖父母、父母老疾应侍者，或父母已故，别无兄弟，又家无承祀之人者，问刑衙门遇有此案，必须究明致死确实情形，本内声明，应留养承祀者，分别题请，法司核覆时仍照例以斩监候定拟，遇秋审朝审，另册进呈，若有恃强逞凶肆殴胞兄，并非情急无奈，邂逅致死者，俱不得引留养承祀之例，仍将不应请由亦于本内据实声明。如有旨交九卿等会议之案，俱应遵照题准之例，详核议拟，候旨遵行（《高宗实录》卷一百九十八）。

第四是规定了程序原则及相关法律责任。由于清代的存留养亲成为判决中的一般适用法律，因而，相关制度在执行上日行严密。首先是地方官于办理人命等案件时，即将凶犯之亲有无老疾，该犯是否独子，讯明后一并详报，秋审时"刑部会同九卿核定，入于另册进呈，恭候钦定"。薛允升解释说，此秋审时核办留养者，也即在原来的情实、缓决、可矜之外，另办"留养"一册，朝审案件一体遵行（《读例存疑》第43页）。其次是规定了法司的责任。正如薛允升所说，留养本系宽典，而例则防弊之意居多。如地方官捏报，以故出论，如有受贿情弊，以枉法论，失察者，交部议处。邻保族人等假捏出结，照证佐不言实情，减本犯罪二等治罪，等等。因为清代放松了户籍管理，"人户以籍为定"已成具文，因而，由人口流动所带来的问题就十分突出。律学家称"今则版籍全不可靠，遂不能不取族邻人等甘结，一切防弊之例安得不多耶"（同上，第 42 页）。

整体言之，清代"犯罪存留养亲"法律的适用范围比以往更为宽泛，也多少改变了最初的立法原意，变为一种常行法；其实施效果因而也有不同争论，批评者有之，赞扬者也不乏其人。甚至到了民国年间，法学家董康仍赞其为"仁政之一，永堪备后世模范也"（《董康法学文集》第 425 页，中国政法大学出版社2005 年版）。

作者简介

林乾，1959 年出生于长春，现为中国政法大学法律史学研究院副院长、教授、博士生导师，国家清史编纂委员会典志组专家。著有《中国古代权力与法律》《康熙惩治朋党与清代极权政治》《清代衙门图说》《清通鉴·康熙卷》等专著，发表专业论文 40 余篇。研究方向为清代法制史、政治制度史。

清季《钦定宪法》起草始末

王晓秋

　　长期以来，许多中国近代史、法制史甚至宪法史论著中，在谈到清末制宪问题时，一般只提到清政府于 1908 年 9 月颁布的《钦定宪法大纲》和 1911 年 11 月公布的《宪法重大信条十九条》。可是，前者只是清政府拟定宪法条文的一些原则，而后者则是清廷为应付滦州兵谏而匆忙抛出的若干宪法要点。那么，在清代末年究竟有没有进行宪法全文的起草工作？其内容如何？主要执笔者又是谁？草宪过程和结果到底怎么样？这些疑问，十多年前笔者终于从北京大学图书馆收藏的《汪荣宝日记》手稿中找到了答案。

　　原来，在宣统年间，可称为中国第一部宪法草案的《钦定宪法》的条文已经全部起草完毕，只是来不及最后钦定与颁布，清王朝就灭亡了。而起草这部宪法草案的主要执笔者之一，就是汪荣宝。有关清末《钦定宪法》的起草过程，在他的日记中有着详细明确的记述。

　　汪荣宝，江苏吴县人，生于 1878 年。他于 1901 年赴日本留学，曾在东京早稻田大学等校学习政治、法律和史学。归国后任京师译学馆教员。1908 年任民政部右参议，后迁左参议、左丞，并兼职于修订法律馆与宪政编查馆。1910 年任资政院钦选议员，

1911年任协纂宪法大臣，还被指派为《法令全书》总纂。他在清末北京政治舞台上十分活跃，交结各方人士，积极鼓吹君主立宪，并且是清政府钦定宪法草案和一系列法律法令的起草者，可以算得上京城立宪派的核心人物之一。武昌起义之后，他投靠袁世凯，曾为其起草南北交涉电稿与优待清室条件奏稿等重要文件。民国初年，充任临时参议院议员、国会众议员。1915年为中华民国宪法的起草委员。后出任中国驻瑞士公使，1922年至1931年担任中国驻日本公使，1933年去世。北京大学图书馆收藏的汪荣宝亲笔手书日记稿本有三册，共1000多页，正好是宣统元年至宣统三年（1909—1911）的日记。其中记载最多的内容是关于清末预备立宪活动，包括自己参与起草宪法和各种法律的过程以及在资政院的活动，并涉及种种政坛秘闻与内幕，对研究清代末年的历史有很高的史料价值。

根据《汪荣宝日记》以及《清末筹备立宪档案史料》等资料的记载，清政府在立宪派的强烈要求下，不得不于1910年11月5日颁布上谕，任命皇族亲贵、贝勒衔贝子、资政院总裁溥伦与贝子衔镇国公、度支部尚书载泽两人为纂拟宪法大臣，命其"悉心讨论，详慎拟议，随时逐条呈候钦定"。1911年3月20日，又命度支部侍郎陈邦瑞、学部侍郎李家驹与民政部左参议汪荣宝三人为协同纂拟宪法大臣。汪荣宝在得知任命以后，感到这是一项十分艰巨的任务，连忙向自己的顶头上司、民政部尚书肃亲王善耆请教。善耆叮嘱他"草宪谨慎秘密"，汪心领神会记入日记并在旁加圈。1911年7月3日溥伦等五人开始在武英殿西庑（wǔ，正房对面及两侧的小房子）焕章殿办公，开始纂拟宪法的工作。

钦定宪法草案的实际执笔者主要是汪荣宝与李家驹两人。李家驹，汉军正黄旗人，1906年任京师大学堂监督、学部右丞。

1907年任出使日本大臣，次年改派考察日本宪政。1909年为内阁学士，学部侍郎。1911年还一度担任资政院的副总裁和总裁。1911年7月6日，汪荣宝与李家驹一起前往京郊十三陵，8日开始草拟宪法。他们首先"商榷纂拟义例"，起草了凡例六条。接着又拟定宪法的章目，共分十章：（一）皇帝，（二）摄政，（三）领土，（四）臣民，（五）帝国议会，（六）政府，（七）法院，（八）法律，（九）会计，（十）附则。可以看出这个体系基本上是仿照日本帝国宪法，不过由于当时清政府存在摄政王执政的特殊情况，故专门加上"摄政"一章。然后，他们就开始起草各章具体条文。回到北京后，他们于7月13日向溥伦、载泽汇报。李家驹报告纂拟凡例与章目，汪荣宝"陈说大意"。溥伦、载泽"均以为然，拟即呈递监国（即摄政王载沣），恭候训示"。此后汪李两人便潜心起草各章条文，每拟一部分便请诸大臣议论修改，然后进呈摄政王载沣审批。

到1911年9月初，已起草到宪法第6章。9月12日汪李又同赴山东泰山，在山上继续起草条文。9月15日他们将第三章领土修正，又草成第八章法律，看来进展速度不慢。9月20日汪荣宝已把最后一章附则修正，并与李家驹"商榷全稿"，"全部凡八十六条，一百十六项"。至此，终于把这部可称为中国历史上第一部宪法草案的《钦定宪法》草案起草出来了。

清末钦定宪法的两位主要执笔者汪荣宝和李家驹，一个曾留学日本，专攻政治法律；一个曾出使东瀛，奉命考察宪政。他们主张效法日本式的二元制君主立宪制度，而不是英国式的虚君制君主立宪制度。因此决定采用天皇享有大权的日本帝国宪法作为起草大清国宪法的蓝本，并以日本法律专家的著作和学说作为主要依据。在起草过程中，他们也曾参照对比各国宪法，但最终往往还是采择日本宪法。如在十三陵草拟第一章第八条皇帝的命令权时，汪荣宝起初"拟采普鲁士等国宪法主义，不取独立命令，而略采俄罗斯宪法之意，加入委任命令一层"。但是经过与李家驹反复讨论，最后还是决定"采日本宪法主义而条件加严"。

汪荣宝、李家驹等人拟订的宪法草案分批进呈摄政王载沣审查，虽有时也被删改，然而"大抵以日本宪法为依据，不致有所出入也"。可见，他们起草的这部采用日本模式的宪法，虽然还不可能与清王朝最高统治者的意愿完全吻合，但是基本上已经可以为他们所接受。但是，汪荣宝自己也怀疑这样一部"依样画葫芦"的宪法，是否真能够挽救清王朝的"颓运"。

正如汪荣宝所忧虑的，清政府的预备立宪，无论是下令仿效日本，改革官制，起草宪法，或是开咨议局，设资政院，都不能阻挡革命风暴的到来和清王朝覆亡的命运。汪荣宝等人好不容易把《钦定宪法》草案全文起草完毕，还来不及全部进呈摄政王审阅，1911年10月10日便爆发了武昌起义。10月12日，他们还在忙着准备再进呈一批条文，由溥伦亲自填写正文，汪荣宝和李家驹装订圈点。10月30日上谕仍命溥伦等"迅速将宪法条文拟齐，交资政院详慎审议，候朕钦定颁布"。然而，11月2日，驻守直隶滦州的新军统领张绍曾发动"兵谏"，提出"政纲十二条"，要求清政府立即召开国会，并由国会仿照"英国之君主宪章"制定宪法，否则就要进兵北京。摄政王被迫慌忙表示接受其要求，并命令资政院立即拟订君主立宪的重要信条。资政院当天就匆匆制定和通过了作为宪法要点的《宪法重大信条十九条》。它虽然在一定程度上限制了皇帝的权力，扩大了国会的权力，并规定宪法由资政院起草议决，国会修正，皇帝颁布，"皇帝之权以宪法所规定者为限"。但是仍然强调"大清帝国皇统万世不易"，"皇帝神圣不可侵犯"，而对人民的民主权利却只字未提。至此，汪荣宝等起草的大清帝国《钦定宪法》最终未能正式出笼，清王朝也很快灭亡了。遗憾的是，至今人们尚未见到这部《钦定宪法》草案的全文。尽管如此，它毕竟是中国近代历史上第一部宪法草案，汪荣宝日记所记的起草经过、内容和结果，都是值得我们深入研究并认真总结历史经验教训的。

作者简介

王晓秋，1942 年生，江苏海门人。北京大学历史系教授、博士生导师，中外关系史研究所所长，全国政协委员，国家清史编纂委员会委员，中国中日关系史学会副会长。主要研究领域：中国近代史、晚清史、中日关系史、中外文化交流史。主要著作：《近代中日启示录》《近现代中国的革命》《近代中日文化交流史》《近代中日关系史研究》《近代中国与世界》《近代中国与日本》《晚清中国人走向世界的一次盛举》等。并主编《戊戌维新与近代中国的改革》《戊戌维新与清末新政》等书，发表论文近200 篇。

清代生态环境演变的主要趋向

朱士光

清代，经济开发地域较前代扩大、类型增多、强度加剧，由人为活动造成的生态环境变迁远超前代，变迁状况与程度更加明显并日渐强烈。生态环境变迁对经济、社会发展所产生的影响不止于当时，有些甚至及于现代。因此，对清代生态环境演变趋向及其特点进行研究，不仅是我国环境史研究中的重要一环，而且是对清代经济史、社会史、文化史、区域史进行深入研究的重要组成部分；对研究当代我国生态环境问题及其解决途径，也可提供重要的历史依据与借鉴。

一、清代生态环境演变主要趋向

清代因处于我国 5000 年气候变化历程之明清干冷期，又称"明清小冰期"（全新世以来四大寒冷期中最为干冷的一个时期）中，其间又有几次小幅度的冷暖干湿变化（年平均气温变化幅度在 0.5℃—1.0℃ 间），特别是清初之 17 世纪后半叶与清后期 19 世纪后半叶两段；因又处于明清寒冷期之变冷时期，所以异常气象频发，特大冰雪现象出现较多，常造成寒冻灾害。如顺治十年（1653），大雪平地丈余，淮河封冻。顺治十二年，北京冬季平均气温比现在低2℃。康熙九年（1670），东部沿海大雪20日，平地冰厚数寸，海水拥冰至岸，远望之十数里若冰堤。道光二十五年（1845）冬，大雪，黄河与淮河冰层厚可行车，长达40天。同时旱灾发生频率也有所增多。特别是西北东部山西、陕西等地之丁戊（光绪三年，1877）奇荒，因大旱饿死者达1000万人以上。

平原河谷与一些低山丘陵地区，由于小型农田水利工程以及梯田、圩（wéi，圩田指有土堤包围能防止外边的水侵入的稻田）田、垸（yuàn，垸田指在湖边淤积的地方作成的圩田）田等的兴修，使得部分平原、山区农业生态环境有所改善。另一方面，随着人口的增加，到了清代后期，由于清廷对新疆等边疆地带屯垦的加强、内蒙古草原的放垦以及大批流民闯关东对东北原封禁地区的开垦，使大面积的草原与渔猎生态环境区成为农业生态环境区。

除东北原始森林区开始遭到过度砍伐外，祁连山、秦岭以及西南地区许多山地森林，也因建筑、冶炼、炊饮、取暖等用量激增，遭到进一步剧烈毁坏，使一些山区的森林生态开始恶化或加剧恶化。如清廷在西南一带采办皇木，使四川等地楠、杉等巨木良材受到致命摧残。有研究表明，仅清代前中期200年间，按现国土范围计，森林覆盖率约由21%降至17%；至清末情况更为加剧（龚书铎：《中国社会通史·清前期卷》，山西教育出版社，1996年）。

一些江河的水生态环境，由于其中上游山地丘陵区农业开垦或森林过度砍伐导致水土流失加剧，致使江河下游溢决徙等现象加重。清代268年间黄河下游共溢83次，决383次，徙14次，合计480次，年均1.8次，达到3年两决口，20年一大徙的严重境地，超过此前汉、唐、宋、明等代，仅次于元代。淮河、长江等河流情况也与此类似，并因而对江河下游平原地区生态环境造成破坏性影响。一些湖沼，由于某些相关自然要素变化，加上人为围垦等行为影响，湖面有所缩小。如洞庭湖、白亭海（潴野泽）等即为显例。

渤海、黄海、东海、南海等滨海地区，由于入海河道改易（如黄河），加之人们修建捍海塘堰、围垦海涂等，使海岸线有所伸缩；而风暴潮与海浸等自然现象，也因一些滨海地区居民增加与农田扩大，往往造成灾害。这就使这部分地区的海滨生态环境发生相应的变化。如广东珠江口以东滨海诸县，自乾隆朝起，皇帝曾多次下诏，令其不得盲目在海滨筑堤拦沙围垦造田，但始终未获解决，海岸线快速外扩，并造成一些港口淤塞。

清代，由于气候偏于冷干，加之西北地区新疆、河西走廊与内蒙古套西二旗、六盟等地屯垦、放垦与流民开垦加剧，使原有的沙漠、沙地有所扩展，沙尘暴频次与强度也有所增加。沙漠、沙地及其邻近地区生态环境趋于恶化。如康熙三十六年伊克昭盟等蒙地放垦后，导致西北一些草原土地沙化。其中毛乌素沙地至清后期已向南蔓延到陕北明长城一线，有些地区还越过了明长城。

清代中后期，特别是1840年鸦片战争失败后，国外列强势力大规模侵入中国，使工矿业较鸦片战争前有了更大的发展，因而对城镇生态环境，主要是对城镇所在区域之地形、水质、空气造成破坏与污染。这在清代以前表现都不甚突出，至清后期日益突显出来。

二、清代生态环境演变的基本特点

第一，综观清代生态环境演变状况，可发现生态环境发生变化的类型增多，面积扩大，强度加重。

类型增多。除清以前就已有变化的农业生态环境、森林生态环境、草原生态环境、沙漠地区生态环境、江河湖沼水生态环境之外，至清代，海滨、城镇与工矿区生态环境，因波及的海滨地区扩展与涉及的城镇工矿区增加，也须与前述几种类型的生态环境同样看待，予以重视。

面积扩大。西北地区与东北地区原来的人为开垦拓殖活动不很广泛，至清代成为重点垦殖开发地区。除此之外，陕川滇黔与东南、岭南等省之山区、滨海与滨江傍湖等地区也被进一步开垦开发。

程度加深。清代因承接此前由新石器时代早期原始农业产生以来约近七八千年人类活动对地理环境施加的种种影响，又处在气候变迁史的明清小冰期；加之清代人口猛增，由清初顺治至康熙初年之1.6亿，至道光三十年（1850）增至4.3亿，增长了168%，达到了历史上的峰值，由此加大了对一些此前未曾开发的边疆和深山区的开发，也大为加强了原已开垦的草原与高原、丘陵、山区的开垦强度。这必然导致一些区域生态环境演变程度加深。黄河中游黄土高原水土流失加剧，最为突出的两个方面是形成"愈穷愈垦，愈垦愈穷"的恶性循环及北部沙漠化土地扩展。

第二，清代生态环境演变，向优化方向演变与向恶化方向演变两方面并存。前者如在丘陵山区兴修梯田，在黄土高原原沟壑中兴修坝地，在长江中下游平原适度兴修垸田、圩田，在珠江三角洲兴修桑基鱼塘、蔗基鱼塘以及在一些地区兴建小型水利灌溉工程，扩大稻田与水浇地面积，提升作物产量等。上述措施都在一定程度上改善了一些地区局部的生态环境。然而，两相比较，仍是生态环境恶化现象大于优化现象。如1861—1895年的35年间，全国共有17278县次发生一种或数种灾害，年均达493县次。按当时全国省、区、县级行政区划总数约1606个计，每年约有

31% 的国土笼罩在各种自然灾害的阴霾之下，这一时期甚至被称为"清末灾害群发期"（夏明方：《从清末灾害群发期看中国早期现代化的历史条件——灾荒与洋务运动研究之一》，《清史研究》1998 年第 1 期）。有清一代生态环境演变呈总体恶化趋向。

第三，清代，一些知识分子与官员开始萌生保护生态环境意识。如果说清代一些山区修建梯田、陂塘，一些濒临河湖低洼地区兴修垸田、圩田与桑基鱼塘主要目的只是为了提高产量，增加收入，只是在不期然中起到了一定的改善生态环境的作用；那么到清代中后期，确也有些知识分子与官员，如梅伯言等，通过生产实践的启迪，注意到了森林有抑流固沙，甚至蕴涵水源等诸多保护生态环境的功能，因而主张禁伐山林，以涵蓄水源，抑制洪峰，保证灌溉用水，保护山下农田。这实际上已具有保护生态环境的科学思想。由此而促成的一些保护山林，甚至植树造林活动就带有自觉地保护与改善生态环境的性质。如迄今已发现的多个府州县所立的 172 通护林碑、封山碑、封山育林碑、禁砍山林碑以及含有护林育林内容的乡规民约碑等，即是一些例证。只不过直至清末，这种保护生态环境的思想观念尚处于初期阶段，传播不广，远没有深入人心，由它促成的保护与改善生态环境的行动规模与效果均很有限。

作者简介

朱士光，1939 年生，湖北武汉人。陕西师范大学历史地理研究所教授、博士生导师，中国古都学会会长。长期从事中国历史时期地理环境变迁与古都研究。出版有《黄土高原地区环境变迁及其治理》《中国古都学的研究历程》等著作，还主编、参编相关学术著作 22 部，撰写发表学术论文 120 多篇。

乾隆初期"禁酒令"的讨论与颁行

陈兆肆

纵观中国历史，禁酒法令屡见不鲜。周公作《酒诰》以禁酒，是担心因嗜酒而伤德败性；汉朝禁止民间造酒，强力推行榷（què，专卖）沽制度，则是受垄断酒类贸易所带来的巨大利益所驱使。汉唐以降，政府时因"酒耗民食"而屡颁禁令；然迄清代康雍年间，禁酒之令尚属"歉岁禁酒而丰岁开通"的权宜之策。乾隆初年所颁布禁酒令，则标志着禁酒政策由此前的暂时性举措，变为一项后世严格执行的成文法规。

乾隆元年（1736）十一月，内阁学士兼礼部侍郎方苞奏称，西北五省（即直隶、河南、陕西、山西、甘肃）每年因造酒而耗费大量粮食，北方平原素无塘堰以资灌溉，粮食生产本来就少，且水上交通不便，一遇荒歉之年，运输甚感艰难，岂能任"岁耗千数百万石之谷"？方苞还认为，酒不但能"耗民财，夺民食"，平民百姓还常因喝酒而起争斗、兴狱讼，乃至发生命案，"载在秋审之册，十常二三"，因此不能不加以严禁。他进而提出对策："禁造烧曲，毁其烧具；已烧之酒，勒其自卖；已造之曲，报官注册。"对那些"逾限而私藏烧曲烧具、市有烧酒者"，一旦发现，随即对地方官作降职等严肃处理（方苞：《奏为条陈禁酒禁烟植树等足民之本管见事》）。

乾隆二年五月，乾隆帝基本采纳方苞的建议，严令直隶等西北五省禁造烧酒，并在上谕中历数禁酒的种种理由与好处，大致有：养民之政，莫先于储备，以使粟米有余；欲使粟米有余，必先除去耗谷甚多的烧酒。而烧酒之盛行，则莫如河北等五省。因饮酒有害而无益，乃祖乃父酒禁綦（qí，极）严，只因官员阳奉阴违而未收实效。与其禁于已饥之后，节省于临时，不如禁于未饥之前，积贮于平时。如果禁酒，北方五省一年可多千万余石米谷，禁酒有利无弊。因此，乾隆帝下令五省永禁造酒，"至于违禁私造之人及贿纵官员，如何从重治罪，其失察地方官如何严加处分之处，著九卿即行定议具奏"。

禁令一出，在朝野内外引起强烈反响，一场辩论随之展开。素负直谏盛誉的刑部尚书孙嘉淦，即抗旨上疏。他认为，永禁烧酒对于贫民生计、米谷的储藏，"不惟无益，而且有损"。其理由为：烧酒用高粱等粗粮，黄酒用米麦等细粮，真正耗粮的不是烧酒，而是黄酒；烧酒价廉而民乐意购买，黄酒价贵而贫民无力购买，禁烧酒不但会导致粗粮舍弃无用，民间反而会转造黄酒，这不但不利储藏，反而有碍积贮；民间食用之外所需生产生活用品以及田赋租税等，在在需钱，制造烧酒只是化无用为有用，收入颇丰，禁烧酒后贫民收入减少而支出大增，这不但不利于民生，反而影响贫民生活。再加上官吏往往借禁酒之机，百端敲诈需索，更令百姓不堪重负。因此他主张：烧酒之禁，宜于荒年而不宜于丰年，荒年每一粒稻谷都弥显珍贵，而大麦、高粱之类可以充饥，禁酒确实有益；但即便在这种情况之下，也只能禁于灾区而不必处处实行；只可暂行封贮烧锅器具而不必烧毁，更不应施以刑罚。至于丰年，米谷充足，而大麦、高粱之类，原本就不是常食之物，自然应当开通酒禁，使官吏无法借端需索，这样民间也能够利用无急需之用的大麦高粱，酿成烧锅售出，以备不时之费。如此上下两安，百姓可以享受盈宁之庆（孙嘉淦：《孙文定公集》卷八，《请开酒禁疏》）。

孙嘉淦言之凿凿的论述，引起了乾隆帝的重视，于是传旨总理事务王大臣与九卿详细讨论后具奏上报。乾隆帝指出，先前下令禁止烧锅，本为国计民生考虑，现看完孙嘉淦所奏，厉行严禁恐怕也有弊处，因而命令王公大臣既不可以一味迁就他的旨意，也不能完全回护孙嘉淦，而应当利弊兼顾、反复考量，定议后上报，表示"若果严禁烧锅，不但于民食无益，而且有害，朕旨可收回"。

夹在皇上和大臣中间的九卿王大臣颇感棘手，因而匆忙上奏两议，聊以敷衍。大意为：一、造酒应该严禁，但加重对本犯的处罚，严定相关官吏的处分，容易导致小民触犯法网，胥吏借机需索、缘以为奸，故于民情不便，应该仍依照从前成法加以处理；二、违法烧锅酿酒者，本人仍然照旧例治罪，而对涉及的官吏的处分则分别定例，已经酿造的烧酒仍应准许出卖。乾隆帝对这种模棱两可的态度深为不满，他命令王大臣等明确表态，提出得力措施：严禁烧锅以广储备，究竟有无好处？如果严禁，又有哪些标本兼治的好方法？如果认为实行严禁、挨户搜查，反而会滋扰百姓的话，也应当说出具体理由。乾隆帝进而又考虑到禁止烧锅是关系到民生日用的大事，不得不予以格外重视，因而命令将所有相关谕旨、孙嘉淦的奏折以及王大臣九卿的议论，一齐交给直隶、河南、甘肃、陕西、山西五省督抚参考，令其覆奏。

西北五省督抚接到谕旨后，各抒己见。直隶总督李卫认为，烧酒之禁应当严于歉收之年，稍宽于丰裕之岁；本地酿造及零星造曲者不必禁止，麦曲、烧酒概不许出境，肆行踩曲者严行禁止。河南总督尹会一认为，曲为造酒之必需，其耗费麦粮最多，因此禁酒莫先禁曲；对零星造曲者，可不加禁止，只严禁广收多踩、贩卖之人。而甘肃巡抚元展成认为，甘肃非产酒之地，多来自山西汾酒，况且甘省边地苦寒，风雪凛冽，穷苦百姓多以酒为御寒之具，不应查禁。陕西巡抚张楷认为，民间酒坊零星造卖者踩曲不多，无须禁止，而对开行（háng）踩曲贩卖者，则应严加禁绝。山西巡抚严瑞龙认为，烧锅当禁但不可必禁，只可在歉岁禁止，且对开行运贩严重者加以严禁。总体而言，五省督抚都反对"一概禁绝"的极端做法，主张因时、因地制宜。

在这种情况之下，乾隆帝颁布谕令：富商凡是广收大麦高粱、肆行踩曲、大开烧锅者，严行禁止；违禁者，除照原先法律杖责一百，再枷号两个月以外，失察的地方官员每出现一案降一级，失察三次者降三级，随即调用；如果地方官有受贿而纵容的情况，则依照"枉法律"计赃论罪。这一谕令与起初的极端主张有所不同。首先，禁曲与禁酒并重，寻求从源头治理；其次，并非一概禁绝，只对那些广收麦石、肆行踩曲、大开烧锅的富商施以惩治，措施更切实际。随即，禁酒令在西北五省率先推行。至此，历时半年的禁酒争论始告结束。乾隆初期的这项禁酒令，后来被纂入清朝法律条文中（参见薛允升《读例存疑》），对全国产生了持久而深远的影响。乾隆初年因直隶、山东等省旱灾乏食，高宗首次下旨将禁酒令由权宜之策转为常年之法。在此后数年中，皇帝与廷臣、各地督抚不断讨论得失，总结利弊，对禁酒政策的表述颇有歧异，所禁之物从烧锅到酒曲，乃至南方的其他酒种；其范围从受灾之地逐渐延展至全国各地；其性质则由国家颁谕的法令，逐渐转为地方官劝化的内容。总之，发轫于乾隆初年的这次禁酒法令，相较以往，有规模大、范围广、禁令严、持续时间长等诸多特点。

中国古代历朝多曾实行过酒禁，然而大多只是为了与民争利而实现国家垄断造酒，非为百姓生计着想。乾隆帝严行酒曲之禁，则不是为了从中牟利，而旨在通过限制消费而节约粮食，以解决"地利有限而生齿无穷"所带来的困境，这是与此前历代禁酒的根本区别所在。按照当代学者范金民先生的统计，乾隆初年全国每年因制造普通烧酒所耗粮食至少在 3000 万石左右，而当时全国的常平仓的贮粮数，大致保持在 3100 余万石左右。这就是说，当时烧酒耗粮，几乎等同于常平仓的存谷额，数量惊人。

康雍以来，人多地少，粮食价格不断上涨，乾隆帝对此忧心忡忡，他在鼓励垦荒以尽地利、禁种烟草以广耕地、大力推广玉米、番薯等高产作物的同时，一再晓谕不可浪费粮食，寄希望于开源与节流并举的方式，化解"人口众而货物寡"的矛盾。以限制消费、节约粮食为目的的禁酒、禁曲政策，在此背景下应运而生，也有其合理性的一面。

作者简介

陈兆肆，1982 年生于安徽巢湖。中国人民大学 2007 级博士生，香港中文大学新亚书院访修生，主要研究方向为清代法律史。合作翻译《过失杀人，市场与道德经济》、参与撰写《北京教育史》，发表学术论文数篇。

从乾隆帝误读人口数看清前期人口统计

侯杨方

乾隆五十八年（1793），乾隆帝阅读了他祖父康熙皇帝的《圣祖仁皇帝实录》，看到上面记载康熙四十九年（1710）全国"民数二千三百三十一万二千二百余名口"，他随即查阅了乾隆五十七年（1792）各省奏报的民数，为"三万七百四十六万七千二百余名口"，发现在82年间，全国"民数"居然增加了"十五倍有奇"。人口增长速度如此之快，而且持续了82年，确实是一个"人口奇迹"，甚至是"人口爆炸"。乾隆皇帝为之震惊，为此忧心忡忡，担忧人口增长了15倍还多，"以一人耕种而供十数人之食"，储藏已经不能如以前那样充裕，而且随着人口的日益繁多，房屋侵占耕地，"生之者寡，食之者众"，会严重影响到国计民生。

乾隆皇帝实际上是误读了《实录》的人口统计。《圣祖仁皇帝实录》中的原文是这样记载的："是岁（康熙四十九年）人丁、户、口二千四百六十二万三千五百二十四。"这个统计对象本是"人丁、户、口"三项，而不是"民数"。而这涉及清朝人口统计制度和方法等方面的问题。按照清朝的制度："人丁"指的是16岁至60岁（传统年龄，含16岁和60岁）且无残疾的男子，这部分人要承担以白银计量的"丁税"（人头税）；而"户"

是指承担人头税的"边民"（边疆居民），纳税单位以"户"计；"口"是指部分地区承担"食盐钞银"（人头税的一种）的女性。很显然，这三项合计数并不等于人口数，因为绝大部分的女性和所有16岁以下、60岁以上的男子都不承担人头税。为了征税，朝廷规定每五年"编审人丁"，而民众则想法逃税，因此"人丁、户、口"数字也存在着大量的隐漏。康熙皇帝对此就有非常清醒的认识，他说："朕凡巡幸地方所至，询问一户或有五六丁，止一人交纳钱粮。或有九十丁，亦止二三人交纳钱粮。"当时，人丁统计本来就不是全体人口，再加上严重的隐漏，与实际人口数相差就更大。

乾隆皇帝曾经也很清楚人丁并非全体人口，他在乾隆五年制定了新的制度，规定："每岁仲冬，该督抚将各府州县户口减增、仓谷存用一一详悉具折奏闻。"同月，户部根据这道上谕制订了民数汇报的方案："应令各督抚即于辛酉年（乾隆六年）编审后，将各府州县人丁按户清查，及户内大小各口，一并造报，毋漏毋隐。其各项仓谷……亦于册内登明，详核存用实数。俱于每岁十一月缮写黄册奏闻。"乾隆帝对此方案表示同意。但在同年十二月乾清门举行的御前会议上，御史苏霖渤认为此方案难以施行，因为民众居住分散，"若令赴署听点，则民不能堪；若官自下乡查验，则官不能堪"；再加上"商旅往来莫定，流民工役聚散不常"，"番界苗疆，多未便清查之处"；各省户口众多，若每年清查"诚多纷扰"。他提出了自己的方案，建议等乾隆六年人丁编审后"户口业有成数，各督抚于每岁仲冬除去流寓人等及番苗处所，将该省户口总数与谷数一并造报，毋庸逐户挨查"。乾隆皇帝采纳了苏霖渤的建议。随后户部便根据苏的建议重新拟定了方案："直省各州县设立保甲门牌，土著、流寓原有册籍可稽，若除去流寓，将土著造报即可得其实数。应令各督抚于每年十一月将户口数与谷数一并造报，番疆苗界不入编审者不在此例。"
清前期民数汇报制度就此建立。

民数汇报的统计对象为全体人口，乾隆六年即上报"各省通
共大小男妇一万四千三百四十一万一千五百五十九名口"，自此
直至清末。上述乾隆皇帝查阅的乾隆五十七年"各省通共大小男
妇"即是此项数字，与康熙年间的"人丁、户、口"完全不同，
因此这两项根本没有可比性。也许是因为乾隆皇帝在位时间太
长，此时他已经忘记了自己53年前本来非常清楚的事情，而误
将这两项统计口径完全不同的数据进行了比较，产生了误解。

自康熙五十二年施行"盛世滋生人丁，永不加赋"的政策
后，全国丁税总额已经冻结，朝廷上下早已知道编审人丁不仅严
重失实，甚至连征税的意义也消失了。自乾隆六年起已经有新的
统计"民数大小男妇"的制度，但编审人丁制度却仍然沿用到乾
隆三十七年才被废除，因循苟且的力量于此可见。

旧制度不行，新制度又如何？乾隆五年建立的统计"民数大
小男妇"制度规定，每年底督抚将各省户口的增减情况详细编成
统计册上奏给皇帝，并送交户部审阅。照例乾隆皇帝在民数奏折
上朱批"册留览"，但对统计并不敏感的乾隆皇帝会认真审阅吗？
此项制度执行6年之后，乾隆十二年，因山东沂州府兰山县发生
灾荒，发现该县"应赈户口较上年造报民数甚属浮多"，随后发
现东平、济宁、临清卫、郯城、蒙阴、齐河、肥城、即墨、济宁
卫等地均存在着同样的问题，山东巡抚阿里衮向皇帝奏报其中的
原因："每年民数原难按户挨查，先经廷议令各州县查照保甲册
内数目开造，而各州县保甲册籍每户亦止载紧要男妇数，人不能
名名入册"，因此他要求进行全面复查。乾隆皇帝的态度却是
"传谕阿里衮：除伊已饬清查之州县外，余可不必饬查"，因为
"督抚年终奏报民数、谷数，原欲知户口之繁多，计仓储之盈缩，

乃国家应行办理之政务。然必欲逐户挨查，被蚩蚩之氓（指平民百姓）转以为累"。显然，乾隆帝对于民数的确切数目并不太介意，他顾虑的是认真清查会骚扰民众。

乾隆四十年，乾隆皇帝发现自己竟然被这些督抚蒙骗了34年。当年，湖北巡抚陈辉祖奏报在赈灾时发现民数登记有重大纰漏："如应城一县每岁只报滋生八口，应山、枣阳只报二十余口及五六七口，且岁岁滋生数目一律雷同。"赈灾需要编造灾民册，必须逐一登记以申请赈灾物资，因此容易发现原有户籍册的漏报情况。乾隆帝再也无法忍受，遂发布上谕：（民数汇报）"顾行之日久，有司视为具文……所报之折及册，竟有不及实数什之二三者……嗣后各督抚饬所属，具实在民数上之督抚，督抚汇折上之于朝。"

更为荒谬的是，广东省在这34年里上报的人口数竟然是有小数的。编审人丁是为了征税，由于各地区每个人丁交纳固定的税额，人丁逐渐异化成了纳税单位，再加上税收额度的增减，所以才出现了小数。广东省上报的人口数显然是照抄了以前的人丁数，所以才闹出了人口居然也有小数的笑话。这个笑话居然延续了34年，从不更正。直到广东巡抚主动要求删除小数："粤东原额丁银久经摊入地亩征收，其粮税不及一丁者列为分、厘等尾数。乾隆六年，前抚臣王安国奉旨奏报民数之始，未将零尾删除，历年遂相沿开报。"在这34年里，乾隆皇帝本人真的浏览过这些民数奏折和统计册吗？同样，督抚们真的审阅过以他们名义上报给皇帝的奏折和统计册了吗？皇帝、各级地方官以及他们的属吏连这个最明显的错误也发现不了，也许甚至是懒得改动，只是编造照抄，这个制度的执行效果让人难以相信。

乾隆皇帝统治着当时世界第一大国，幅员1300万平方公里，人口超过3亿，以当时的技术条件和管理水平，不可能每年精确统计全国人口，因此不能进行"数目字管理"其实是一种常态。但是现存的大量清代奏折、统计册详细记录了当时全国各地的人口数，精确到了个位，甚至精确到了小数，这真是一个绝妙的讽刺：各级官吏们都煞有介事地编造出了一大堆自己也从不审阅、从不相信的统计数字，甚至连皇帝也未必清楚它们的统计含义，但各级官员包括皇帝本人却不惜耗费大量的人力、物力，将这个已经成为形式的制度继续敷衍下去，这是真正值得深思的问题。

作者简介

侯杨方，1970 年生，江苏泗阳人。复旦大学中国历史地理研究所教授、博士生导师。专著有：《中国人口史》（1910—1953年卷）；论文有：《乾隆时期民数汇报及评估》《民国时期全国人口统计数字的来源》等。

"中国皇后号"：开启中美早期的贸易

李国荣

乾隆四十九年（1784），一叶帆船跨越重洋，从刚刚诞生的美利坚合众国驶向古老的华夏帝国，这就是开启中美贸易的"中国皇后号"。

一、驶向中国的木帆船

年轻的美国在独立伊始就与中国货结下了情缘。18世纪70年代以前，美国是英国的殖民地。这时英国东印度公司通过法令，要垄断进入美国的中国茶叶，美国民众组织有许多秘密社团，希望冲破垄断，直接从中国进口茶叶。1773年12月16日，化装成印第安人的"波士顿茶叶党"成员，秘密登上东印度公司的茶叶货船，将成箱的茶叶倾倒在大海之中，这就是著名的"波士顿倾茶事件"。这一事件成为北美殖民地人民反英起义的导火索。1783年英美《巴黎和约》的签订，标志着北美十三个州经过浴血奋战，终于摆脱了英国殖民统治而成为独立的国家。几箱来自中国的茶叶，居然在北美引发了一场独立的狂潮。

对于那时的大清王朝而言，新生的美国还是一个蹒跚学步的国家。当时美国流行着一个传说：中国那些来自关外的皇亲国戚们，从头到脚都穿戴着价值昂贵的毛皮，他们的生活无比奢华。在美国西海岸，以 6 便士购得的一件海獭皮，在中国的广州可以卖得 100 美金。于是，到遥远的中国去寻找财富，成了当时美国商界的迫切愿望。随着造船技术和航海知识的迅速进步，美国商人远涉重洋的梦想终于可以实现。就在美国独立战争获胜的第二年，第一艘远航中国的帆船便从纽约起航了。

1784 年 2 月 22 日，美国首任总统乔治·华盛顿的生日这天，由几个美国商人合资购置的一艘载重 360 吨的木质帆船，装满大量纯正的美国货，从纽约出发，驶向东方一个名叫广州的遥远口岸。在这艘帆船上，用英文标注着"中国皇后号"。

"中国皇后号"帆船从美国国会那里领取到一张海上通行证。当时，从大西洋到印度洋，辽阔的海域全被英、葡两国所控制。"中国皇后号"为防范海盗和确保安全，原封不动地保留了船上的海军装备，作为护航的武器。帆船满载着可供清朝大员缝制长袍的皮毛和宾夕法尼亚州的花旗参、胡椒、酒以及松脂等等，总价值达 12 万美元，全船共有 43 人。"中国皇后号"在中国和美国之间划出了第一道水线，建立起东西方最古老与最年轻的两个大国之间的直接联系，开启了中美贸易的先河。

这艘木帆船，穿行大西洋，绕过好望角，跨越印度洋，驶入南中国海，行程 1.13 万海里。历时 188 天，于 1784 年 8 月 28 日缓缓驶进了此行的目的地——广州黄埔港。帆船自豪地鸣炮 13 响，代表由 13 个州组成的美国向大清帝国致敬。这艘在当时看来并不起眼的帆船，第一次在中国的南疆广州升起了美国星条旗。

二、从广州带回纽约的中国特产

广州当时有一个专门经管外商贸易的组织，称为十三行，它与晋商、徽商一起被称为清代中国的三大商团。在清政府旨令只准广东"一口通商"的特殊国策下，十三行是中国唯一合法的中西贸易垄断组织。不论是外国商船带来的西方各色洋货，还是中国商人想要出口的茶叶、瓷器、丝绸，都要交给广州十三行来办理。对于已经有长期外贸经验的广州十三行洋商来说，"中国皇后号"这艘挂着"古怪旗帜"的商船来自于一个新的国家，船上带来的美洲大陆特产，因为新奇而格外受到欢迎。

"中国皇后号"29岁的船长山茂召（后来成为首任美国驻广州领事）在他的航行日记中写道："虽然这是第一艘到中国的美国船，但中国人对我们却非常的宽厚。最初，他们并不能分清我们和英国人的区别，把我们称为新公民，但我们拿美国地图向他们展示时，在说明我们的人口增长和疆域扩张的情况时，商人们对于我们拥有如此之大可供中华帝国商品销售的市场，而感到十分的高兴。"

"中国皇后号"通过广州十三行的商人，4个月内便将船上的货物售罄，于1784年12月27日起航回国。从当时船上的一张货单上可以看到，这次运回美国的货物有：红茶、绿茶等数百吨，瓷器四五十吨，还有丝绸、桂皮、牙雕、漆器、漆扇、雨伞、紫花布、印花布、手贴墙纸等一大批中国土特产。

1785年5月11日，"中国皇后号"回到了纽约。船长山茂召的航行日记在波士顿发表，顿时轰动了全美。船上的货物，也立即被抢购一空。其中，有一只绘有中国飞龙图案的茶壶，被美国开国总统华盛顿看中，他如获至宝，珍藏起来。这把茶壶现已成为美国国家博物馆的珍藏品。在美国新泽西州的博物馆中，我们至今还可以看到当年专门从广州十三行订购的印有"中国皇后号"字迹的瓷器。

"中国皇后号"首航中国的成功，犹如为刚刚取得独立的美国经济注入了强烈的兴奋剂。华盛顿总统宣布，对华通商予以优惠和保护。美国国会给"中国皇后号"的全体船员授予极高的荣誉。纽约的大小报纸，连篇累牍地报道"中国皇后号"的远航。街头上更是出现了推销中国红茶、绸缎和瓷器的大型广告。

三、华盛顿总统的订单

"中国皇后号"第二次开赴中国前，收到华盛顿总统开来的一份订单，要求为他的夫人采购中国的"白色大瓷盘、白色小瓷碗和好看的薄棉布"。一纸订单，透露出美国总统和第一夫人对中国瓷器、纺织品的情有独钟。据说，"中国皇后号"一个来回，其利润可高达1500%，这实在是令美国官方和民间喜出望外的巨大利益。

巨额利润的吸引，使美国掀起了远航中国的热潮。在通往广州的航线上，从几十吨到300吨的木帆船，纷纷举帆远航，穿梭于波浪之间。在美国，"每一个沿海村落的人，都在计划到广州去"。美国远航广州的第三只船"实验号"只有84吨，乃至到达广州时，被误认为是近海帆船，这充分体现出美国人"愿意为可能获得的利润冒最大危险"的精神。美国学者乔治·斯蒂华特在一本研究美国地名的著作中提到，在美国的23个州里，都有以广州（Canton）命名的城镇或乡村。美国的第一个"广州"出现在1789年，这是马萨诸塞州东部诸福克县的广州镇。俄亥俄州东北部的广州市，是美国最大的"广州"。

中美通商给美国带来了巨大的经济利益。美国南北战争时期，美商赴华贸易每年所得利润高达3000万元。对于纽约、费城和波士顿的商人与金融家来说，这东西方之间新的贸易无疑是个强大的刺激，广州成为美国沿海商人发迹的重要场所。在美国历史上的第一代富豪中，因对华贸易而显赫一时的大有人在，金融巨子摩里斯就是从广州贸易开始的。

在"中国皇后号"首航后的40多年里，美国对华贸易迅速超过许多老牌的欧洲国家。1786—1833年，美国来华的船只就达到了1004艘，是英国来华船数的一半，超过了欧洲其他国家来华船只总数的4倍。由大西洋沿岸的大商埠纽约、波士顿、费城等直航广州的对华贸易圈逐渐形成。1792年，中美通商不到10年，美国在中国的贸易额便跃居第二位，仅次于英国，而此时，英国在华通商已历经了100多年的时间。到18世纪末至19世纪初，欧洲由于拿破仑战争，美国成为在中国最大的商家，美国人在广州开办的柏金斯洋行、旗昌洋行，都名噪一时、享誉近代。历史上中美之间的早期贸易，由"中国皇后号"起航而得以迅猛发展起来。

作者简介

李国荣，中国第一历史档案馆编研部主任、研究员，中国档案学会档案文献编纂学术委员会主任。主要著作有：《帝王与佛教》《帝王与道教》《科场与舞弊》《清朝十大科场案》《实说雍正》（合著）等多部；担任多项国家级课题研究项目主持人，28集纪录片《清宫秘档》总撰稿及多部历史纪录片主编、历史顾问等。

晚清劝农桑与兴水利

郑起东

重农是清代的传统政策。清代前期，雍正皇帝曾经设立农官，奖励务农有成的老农，并从江南请来经验丰富的老农到北方传授农业技术；乾隆皇帝曾在北方推行两年三熟制，这些都取得了一定的成效。到了晚清，尤其是在太平天国运动后，清政府采取了一些稳定农村，恢复经济，发展生产的政策，取得了一定的效果。

户部则例内载："民间农桑，责在有司。劝课果著成绩，三年后准予议叙。不实心者，以溺职论。"有些地方大吏认真执行了这一政策。如贵州巡抚贺长龄于道光十七年（1837）即督同藩司庆禄、粮储道任树森刊发《蚕桑编》《木棉谱》，通颁各属，教民栽种。十八年春间，先于省城附近隙地试种桑秧数万株，长至二三尺时听民移种；又于湖北、河南两省购回棉籽 26100 余斤分给各属，并委员携赴各乡，趁查毁罂粟之便教民改种。至道光二十年，桑树已成活 13 万余株。木棉开花结实，与楚豫等省无异，打破了贵州不宜种桑棉的说法。棉纺织在贵州也有所推广。婺川县知县陈文衡捐廉设局并购木棉 5000 斤，先教以纺，次教以织，能纺者已有 700 多人，能织者亦有 90 余人。局中已织成布 940 余匹。织成之布价贱而易售，省中纺织者已不下数百家，各属亦闻风兴起。有的基层官吏也较为重视农务，如杨炳坤，于道光二年任河南密县知县，他依据洧水流域的地势，发动沿河两岸农民将河滩荒地垫平，然后开渠引灌，试种水稻。当时，农民对种水稻既没本钱又没信心。为解决此问题，他聘请湖广稻农，前来租地耕耘示范，并获得成功。于是当地农民纷纷效法，不到两年时间，洧水河两岸的卢村、王村、院青、官泽、西邢、张固等保共开渠 15 道，开垦稻田 1860 亩。

如果说道光年间，劝农活动还停留在个别发动的阶段，那么到同光时期就已较为普遍。各省、府、厅、州、县纷纷成立各种常设劝农机构。如江苏省句容县于同治三年（1864）成立招垦局，由官府借给贫苦农民耕牛、籽种。至光绪二十年（1894），即垦熟田地 6300 余顷。同治十年，江苏省成立蚕桑局，植桑者，户给 35 株。开始，民多观望。至光绪八年，左宗棠移督两江，饬委胡光铺购买桑秧 65 万株，分散各乡栽种，而免其息，于是"其利无穷"。此后，河南、直隶、陕西等北方省份也纷纷成立蚕桑局。陕西华州所收丝斤，"净白有光，质美柔细，直与湖丝无异"。直隶所出蚕桑，逐年增多，由局收买，运沪出售，并由四川、江浙雇来工匠教授纺织之法，"如贡缎、巴缎、摹本缎、江缎、大缎、浣光锦、金银罗、绢带等项均能仿造"。直隶原有蚕桑之处，仅深、易二州，设局之后，已有清苑、满城等 20 余州县。新领桑株各处共有 50 余州县。广西长洲居民原种竹为业，生计甚苦。自光绪年间巡抚马丕瑶提倡蚕桑，购种置机，发给居民领用，该州居民务之最力，故成效日著，后由长洲上至平南沿岸，农家纷纷效仿，当时"计广西每年产丝值二百余万，梧关课税以此为收入大宗"。

推广种植美棉也取得了一定的成绩。光绪三十四年，农工商部请驻美使馆翻译了美国棉花种类种植成法，并选购种子绘图贴说，拟定表式通咨各省，将全境棉业情形再行详细调查，并续行遴派农科专门人员分往各省，"测验天度之寒燠，审察土性之燥湿，辨别种类之良窳，采用泰西农学家选籽、交种、培肥料、去害虫诸法，集讯乡农，实行试验，务令人人知棉业为大利所在"。山东省商务局将在美国圣·路易斯博览会上采购的棉种发交东昌府产棉各省试种，以光绪三十二年"收成计之，本地棉约收七八十斤，美国棉可收百余斤至二百斤不等。且丝长光细，利于纺织"。"东属堂、清、馆、冠、高、恩六属，已种棉之地，约计万顷有余"。直隶农务总局试验场，曾于光绪二十二年"试种美国棉花，绒絮颇长"。至宣统元年（1909），山东省西北、直隶南端各州县"从前所种土产，现已悉改美种，收成有十倍之望"。

农田水利也受到了重视。曾国荃、左宗棠、丁宝桢等督抚要员亲自抓水利建设。光绪十二年，两江总督曾国荃饬统领叶少林筑北乡圩坝缺口，又饬水利局委员罗树勋修王家闸石函。光绪七年，左宗棠移督两江，"遍历大江南北，与署运河徐之达及地方各文武印委等详勘境内支干各流水性，并延询当地士夫老农评究风土所宜树植各务，察视沟洫通塞深浅，各建坝闸函洞"；光绪八年派拨标兵 5000 人挑浚秦淮河上游赤山湖，开河筑堤，建闸修坝，自道士坝至陈家边，共计长 3900 余丈，挑土 175800 余方，用银 28400 余两。自此，"旱潦有备，年谷顺成"。

同治六年三月，山东巡抚丁宝桢挑浚沈口河，宣泄东西两岸积水，涸出民田 20 余里。光绪三年三月，丁宝桢接任四川总督，九月即随带熟悉水利官员，视察都江堰。都江堰是川江上的水利工程枢纽，向分为内、中、外三江，分溉成都府属 16 县民田，由于年久失修，20 余年来，江底愈淤愈高，水涨辄多泛滥，冲刷堤堰，沿江田亩时报坍塌、淹没。灌县、温江、崇宁、郫县、崇庆州等处民田冲毁已至六七十万亩，农民失业，空赔粮赋。丁宝桢视察时，只见内、中、外三江均已连成一片，水势乱流，"因无所谓三江之分，且并为一江，而亦不能顺轨"。丁宝桢决意估勘工料，奏明筹修。先将江口分水鱼嘴依古法加工重修，并饬委员会同灌县知县将内、外、中三江分起，同时并办。于兴工后，冬腊两月，他亲临都江堰指示机宜，考察勤惰，衡定赏罚。工程从光绪三年十二月开工至四年三月中旬竣工，用了4个多月时间，共挖出淤泥40余万方，砌筑堤堰12000丈，修复人字堤130余丈，分水鱼嘴三处，并维修了飞沙堰、白马槽、平水槽的导洪工程。工程到五月中旬即经受了几十年未有的特大洪水考验。至二十一日即将水则（即水位警戒线，以一划为一尺，自出水面一划起，定至二十二划为止）全行淹没。至六月中旬，水势始渐平缓。但因洪水被各堤堰层层消纳，月余以来，不但下游省城及各县民田毫无损坏，即灌县城垣近处江滨，也完善如故。至七八月内农田收获普庆丰登，谷价顿贱。当年冬间，粮价较三年前每石减少银二两五六钱不等，百姓完纳丁粮异常踊跃。光绪五年，堰工自三月开堰至八月秋成，江堰顺流，年谷大丰，比四年收数有加。据分赴灌崇各属委员会同地方官覆勘禀报，综核两年共涸复田82900余亩，丁宝桢大修都江堰已给人民带来实惠。

在大吏的倡导下，地方官也较为注重水利。浙江镇洋县知县吴镜沅，光绪十七年莅任，即周历四乡，详勘水道，塞者通之，浅者深之。"凡十年，浚支河二十余条，计工一万四五千丈"。吴钟衡，光绪二十一年署黄岩知县，讲求水利，浚河道，修废闸，又创筑黄山头闸以蓄水。东南五仓海塘失修，久患海潮，钟衡修筑老塘由临海境内的海门直至太平界的金清港，迤逦40余里。塘内外均开河蓄清水以资灌溉。老塘既成，又筑新塘，圈沙涂增田20余万亩，植桑10万株。崇明县"光绪以来，外沙苦潦，乃定业食佃力之法（业主供食，佃民施力），连凿大河十数，深广可通舟楫，与内河数百年前可浚巨河相埒（liè，同等）"。同光时期，兴修水利使一些地区的农业面貌也发生了改变。

在全国，劝农桑、兴水利的重农政策也取得了一定的经济效果。同治十二年，耕地面积为 7703515 顷，光绪十三年，即增为 8477606 顷，增加了 10% 有余。

在当时吏治条件下，劝农桑、兴水利的重农政策在执行中也曾产生一些偏差。如直隶在修永定河堤坝时就发生过地方官勒交土方，以致当地鳏寡孤独、老弱病残有冒风雨冰雪运土之事，山西也出现过知县押解农民去修水利设施的情景。这乃是国家政权对于经济发展负面作用的体现。

国家的政治制度和经济绩效之间存在着明显的相关性，晚清政府劝农桑、兴水利的重农政策及其取得的一定成效为此提供了一个例证。

作者简介

郑起东，1947 年生，湖北秭归人。中国社会科学院近代史研究所研究员。著有多部学术专著及论文，主要有：专著《转型期的华北农村社会》等，论文《清末"振兴工商"研究》《清政府镇压太平天国后的让步政策》《农民负担与近代国家财政体制》等。

清末企业垄断与中国商战失利

郑起东

企业"垄断"自古有之。秦始皇时的朱砂专卖，可称是古代最早的全国性垄断。此后，汉代的盐铁专营、唐代的榷酒、宋代的榷茶，皆可视为垄断。古今"垄断"含义不尽相同，而清末的企业垄断较古代的垄断弊端更多，危害更大。

清末官办、官督商办和官商合办的企业都是垄断企业。其时，垄断被称为专利。中国的第一家织布厂——上海机器织布局创立之始，即被授予十年专利，"酌定十年内只准华商附股搭办，不准另行设局"。其专利并不限于通商口岸，实是全国性的垄断。其他官办企业也都享有各种特权，如开平矿务局，"距唐山十里内不准他人开采"；滦州矿务局"矿界四至较定章三十方里特为宽展（达三百三十方里），他矿不得援以为例"；对于轮船招商局，李鸿章规定"五十年内只准华商附股"，不许"独树一帜"。

清末企业垄断的结果是限制了华商，却未能限制洋商，如开平煤矿终落英商之手，"以滦收开"的企图成为泡影，最后滦州煤矿反被开平煤矿吞并。再如：轮船招商局虽然收买了美商旗昌轮运公司，却对英商太古公司无可奈何，始终未能从外商手中夺回中国航运业的主要控制权。

清政府曾经把解救自己财政危机的希望寄托在商办工矿企业

上，但是，出于它的封建本质，又时时企图实行官办，商办与官办的矛盾始终贯穿于清末"振兴工商"的实践中。清政府坚持官办主要出于两个原因：一是对民族资本不信任。如对于军火工业，是从来不许民族资本染指的；对于铁路事业，也是紧抓不放的；对于铁路修筑权的开放，始终是有限度的。各地商办铁路公司的设立以及总协理的人选都要经过清廷的批准。清政府原计划，"招商设立铁路公司，不用官督商办名目"。但当光绪三十二年（1906）湖南奏请商办铁路时，又出尔反尔，申明"铁路系军国要政，仍应官督商办"。二是与民族资本争利。对于企业，清政府本着"有利者留，无利者去"的原则，无利可图的企业，推给商人去经营，而有利可图的，则往往禁止商人插手，甚至已经商办的企业，发现利大，也不甘让利于民，收回官办。如电政局原来是商办的，营业利润很高，清政府便以"电务为军国要政"为由，"筹还商股，将各电局悉数收回"。各省督抚为扩充实力，凡属"可兴大利"的矿产，定为官办，不准商办。即使已经商办的，也往往被他们夺走。如广东士敏土厂被两广总督岑春煊定为官办，"不准商人仿制，致碍公家之利"。广西平乐、富川锡矿，广东曲江、合浦，江苏幕府山等处的煤矿，都是因为"苗旺质佳，获利甚厚"，而被"勒令交出，改归官办"。而这些企业实行官办以后，由于官僚的无能和挥霍浪费，都陷入了管理混乱、亏损不堪的状态。不仅这些企业，凡是官办企业，莫不如此。张之洞创办的湖北官纺局"机器的情况很坏，同时有严重的浪费、混乱和怠工"。这个纱厂，"最大的困难是派来大批无用的人做监督，这些人都管叫坐办公桌的人，因为他们坐在桌旁，无所事事"。他们甚至"为了一点私利把训练好的工人开除了，雇用一些生手"。

官督商办或官商合办的企业，因为官僚掌权而商人无权，也是腐败不堪。如汉冶萍公司虽是官督商办、官商合办企业，但据《时报》文章描述："其腐败之习气，实较官局尤甚。督办到厂一次，全厂必须悬灯结彩，陈设一新，厂员翎顶衣冠，脚靴手本，站班迎迓。酒席赏耗之费，每次至二三百元之多，居然列入公司帐内。督办之下，复设总、会办，月支薪水二百两、一千两，一凡绿呢轿、红伞亲兵、号褂以及公馆内所须一切器具、伙食、烟酒零用，均由公司支给。公司职员，汉、冶、萍三处，统计不下千二百人，大半为督办之厮养，及其妾之兄弟，纯以营私舞弊为能。上年有萍矿坐办林志熙侵吞公款三十余万两，经工商部委员查出，现方由公司起诉，将林拘留。然汉冶萍公司开办以来，侵款自肥，如林志熙者，殆不可胜计，不过互相包庇，无人发现耳。即如汉口扬子江机器公司，即由汉阳铁厂搬出之旧机器所组成，并由铁厂提银五万两作为股本，由汉厂总办李维格出名承办，得利由各厂员均分，实则厂员并无一钱股本在内，即窃汉厂之旧机器及五万金为彼数人之私产耳。"（《时报》1913年3月4日）

清末官办、官督商办、官商合办的垄断企业出路只有三种：第一种是被腐败官僚出卖，为外资吞并或沦为外资的附庸。如上述汉冶萍公司从光绪三十四年到宣统三年（1911），共借了11次外债，其中8次是日本债，累计欠日本债款1721万日元，其中最重要的是600万日元的预借生铁价款。自大冶铁矿砂输日后，日方因矿砂运费颇巨，便有获取汉阳厂所炼生铁输日，由日本八幡制铁所专重炼钢的计划。宣统二年达成日本八幡制铁所购定生铁合同，规定自1911年起15年间购买汉冶萍生铁114万吨，并规定每吨价26日元，15年不变。同时仿矿砂办法，签订借款合同，向日本正金银行借款600万日元，年息六厘，15年为期，日本并派顾问、工程师、会计师进驻公司。当年，运交日本生铁19164

吨，占年产量的 20.5%。至此，汉冶萍的铁矿和生铁就以供应日本为首要任务，日本人监督、掌握了生产和财务权，并有日军驻扎。当时即有舆论："汉冶萍三厂，虽名系中国，实为日人也。"

第二种是经营失败，被迫招商承办，成为商办企业，走上自由发展的道路。如武昌织布局、纺纱局、制麻局、缫丝局四大制造厂，在官办时期，经营无利，连年亏累，时常关厂停工。但在光绪二十八年，由广东商人韦应南承办，订立了 20 年的借让合同。初改商办后，每年仍有亏累，后经逐步实行财务上的整顿，渐能达到收支相抵，1908 年四局共获纯利 149384 两，从此每年的净利在 15% 以上，其后发展成为著名的裕大华纺织集团。

第三种出路是，经营的官僚以亏损为名，勾结洋商，化公为私。如盛宣怀承办的华盛机器纺织总厂，资本 80 万两，官本甚多，开办以后，连年亏折。光绪二十三年暂租与洋商包办三年；光绪二十七年会同两江总督刘坤一，奏准华盛股本亏尽，老局股票一概作废，另行招商顶替。其实，所谓招商顶替，乃是盛宣怀把官厂变为私厂的一套诡计，股票始终还是握在盛家手里。为了掩人耳目，盛宣怀使用了金蝉脱壳、瞒天过海的手法，于光绪、宣统年间先改名"又新"，又改名"集成"。在辛亥革命后，恐被政府查抄，于是改名"三新"，并聘英人 H·C·马歇尔为总经理，向香港注册，并悬英商牌号，当其改名三新时，其资本已扩大为 150 万两。厂主原为盛宣怀，后由其子泽丞、苹丞等继续经营，一个好端端的国营企业就这样被腐败官僚变成了私人企业。

当时，即有人看出了企业垄断的危害。上海机器织布局十年专利之奏一出，就有人指出："是何异临大敌而反自缚其众将士之手足，仅以一身当关拒守，不亦傎（diān，颠倒错乱）乎？"据该局招商章程所述，当时洋布行销中国每年不下 3000 万两，该局计划设织机 400 张，每年织布 24 万匹，可售银 44.4 万两；

只抵得进口值的 1.5%，尚不准成立其他织布企业，真可称是"一身当关"。曾任该局主持人的马建忠也说："十年之内，不许他人再设织布局，而所设织机不过二三百张，每日开织只五六百匹，岁得十八万匹，仅当进口洋布八十分之一耳。则十年之间，所夺洋人之利，奚啻（xī chì，何止）九牛一毛哉！"就是后来华盛总厂设立时，限定全国纱机 40 万锭，织机 5000 张，也还是自缚手足。当时进口是以纱为主，光绪十八年为 2457 万两，而华盛 40 万锭全开可出纱 30 万包，按当时市价不过 1800 万两，不足进口洋纱的 73%。在《马关条约》签订后，外商获得在华设厂权，清廷张皇失措，颁布上谕，要求各省设厂抵制，然而，此时中国工业基础未立，朝野上下徒唤负负（感到非常后悔），悔之已晚。

清代慈善机构的地域分布

刘宗志

　　清代慈善活动比较发达，大量慈善机构纷纷设立，它们所开展的救助活动涵盖了慈幼、养老、恤嫠（lí，恤嫠意为救助寡妇）、助葬和疾病救助等。这些机构大体可分两类：一类是官方为主导的养济院、育婴堂、普济堂等；另一类则是以民间力量为主导的地方综合性善堂、宗族义庄和工商业者的会馆公所。这些慈善机构的设立具有明显的地域特征。

　　在官方为主导的慈善机构中，养济院完全由政府办理。养济院最早出现在南宋，制度化于元代，至元十九年（1282），诏"各路立养济院一所"。明代则将养济院推广到州县一级。清承明制，随着清政府对全国统治的建立与巩固，养济院制度也逐步得到恢复和发展。养济院要求受救济者必须同时满足三个条件：丧失劳动能力、没有私人财产并处于家庭赡养之外。这个群体处于社会底层，失去了生存能力，最需要外来帮助，在政府实施的有限救助活动中，得到优先考虑。养济院都有定额，按省确立，各省名额从数百到数千不等。各省再将名额分配给所属州县，基本上每州县设立一所养济院。可以说，清代的养济院是平均分布于全国各地的。

　　尽管如此，养济院受名额限制，还是难以满足日益扩大的救济需求。雍正帝曾要求地方督抚，倡导民间力量在大城市设立普济堂、育婴堂。乾隆元年（1736）则议准"各省会及通都大郡，概设立普济堂，养赡老疾无依之人，拨给入官田产，及罚赎银两、社仓积谷，以资养赡"（《清会典事例》）。用地方公产来保证普济、育婴二堂的设立。育婴堂和普济堂本来是由地方社会主持创设的民间慈善机构，由于政府的介入，两者逐渐带有较强的官方色彩。如"福建省城育婴堂经费，岁拨存公项下银五百两，又拨盐道库羡余剩充公银一千二百两，并以岁收田租、生息等银凑用，与普济堂各半分支，报部核销"（陈寿祺等：《福建通志》）。从地方志书中可见，全国绝大多数州、县治，都置有相应的机构。

嘉庆、道光之后，社会救济需求增加，而政府财政困难、官办慈善机构日趋腐败，加上民间慈善机构的兴起，此前由政府主导的慈善活动逐渐向民间转移，新设立的慈善机构也主要由民间主持。一方面，主要依靠民间力量的综合性善堂在一些大城市开始兴起；另一方面，完全由民间办理的宗族义庄和会馆公所（以互助为主要职能）在江南迅速发展。

养济院、普济堂和育婴堂重点解决养老和育婴问题，功能单一。为全面应对各种社会问题，民间力量主持的综合性善堂应运而生，它们实施的活动覆盖面广，规模较大。如嘉庆九年（1804）设立的上海同仁辅元堂，开展的救济活动主要有："一恤嫠，凡旧族孀居，贫苦无依者，月给钱七百；一赡老，凡年过六十，贫苦无依或残疾不能谋生者，月给钱六百；一施棺，凡贫无以殓者，予之棺并灰沙百斤；一掩埋，凡无主棺木，及贫不能葬者，一例收埋。后又建有义学，施棉衣，收买字纸以及代葬、济急、水龙、放生、收瘗（yì，掩埋）路毙浮尸等事。它如栖流、救生、给过路流民口粮悉预焉。"（博润：《松江府志》）又如创办于同治十年（1871）的广州爱育善堂，创设于光绪四年（1878）的天津广仁堂，均为影响较大的综合性善堂。综合性善堂适应城市发展需要，弥补了官办慈善机构的不足，同时也有助于地方士绅更多地介入地方事务的管理，从而得到士绅的青睐。这些善堂，政府仍然参与监管，但不占主导地位。

至于完全由民间办理的宗族内社会救济和工商业领域的救助活动，发展更不平衡。清代宗族内的救济以义庄为主。北宋皇祐二年（1050），范仲淹在苏州创建的全国最早的义庄——范氏义庄，对后世产生了广泛而深远的影响。陈奂《济阳义庄记》中说："范氏设义庄以赡族之贫，至今吴人效法者颇众。"义庄主要分布在江南地区，苏松常三府较多，以苏州最为集中。据潘光旦、全慰天在 20 世纪中期"土改"时的调查，苏南地区吴县、常熟两县义庄较多，吴县有 64 家，常熟有 88 家，其他各县除无锡、武进外，义庄却不多见。

工商业领域的互助活动是通过工商业者组织会馆、公所实现的。会馆、公所主要分布于各城市和商业巨镇，其职能很多，但救助功能较强的却集中在苏州、上海地区，开展救助活动是两地会馆公所主要甚至是唯一的职能。如嘉庆八年（1803）在沪宁波人的四明公所以从事同乡救助为其唯一职能。进入民国时期，在其章程第一条中，仍规定以建殡舍、置义冢为公所宗旨。又如苏州漆作业，在这一时期创立性善公所，"以备同业贫苦孤独、病残无依者生养死葬等事"。

苏州、上海民间救济活动发达，当时人就注意到了。19 世纪末，冯桂芬说："今世善堂义学之法，意犹近古。能行之者，惟我江苏为备，江苏中又以苏州、上海为备，虽都会如江宁、膏腴如扬州，弗逮也。"（冯桂芬：《显志堂稿》）两地民间慈善活动的发达程度，远远高于全国其他地区。

从地域分布来看，清代慈善机构的平衡程度与政府介入程度成正比：完全由政府开展的救济活动，其地域分布最均衡；政府起主导作用的，其分布比较均衡；民间自行开展的，则最不平衡。出现这种现象的原因，我们可以从政府政策和各地经济文化差异等方面进行探讨。

清政府的政策由各州县等地方政府来执行，政府起决定作用的慈善活动，其分布便比较均衡。救济需求是慈善活动存在的基础，无依无靠的孤老、寡妇、残疾人是一个社会的普遍现象，清代自然也不例外，因此对这个群体进行救助的养济院、普济堂、清节堂应运而生。随着人口的增多、社会的贫富分化，这个群体的数量逐渐增大，而清政府受其财力的制约，仅靠自身无法解决这个问题，只能号召民间力量来参与。清政府宣布："凡士民人等，或养恤孤寡、或捐资赡族、或捐修公所及桥梁道路、或收瘗尸骨，实与地方有裨益者，八旗由该都统具奏，直省由该督抚具题，均造册送部。其捐银至千两以上，或田、粟准值银千两以上者，均请旨建坊。"（《清会典事例》）由于各地经济、文化状况的巨大差异，民间社会主导的慈善机构分布极不平衡，多数集中在江南一带。

在民间盛行的儒、释、道三教中均有大量社会救济的思想观念。儒家认为仁者应超越自我去关心他人，这样才能达到仁的境界。佛家讲求因果报应，把布施救济、济贫恤困作为人生价值实现的途径。道家认为行善可使子孙得到福报。江南文化发达，善书传播广泛，行善的思想相应也得到了广泛传播。从清初开始，好善风气逐渐在长江三角洲一带盛行。"生长是邦，耳濡目染，因视善善为分内事"（王国平、唐力行：《明清以来苏州社会史碑刻集》）。一地有了慈善活动，就会带来善行的模仿。比如苏州肉店同业设立公所进行互助的理由是："苏郡建设各善堂，恤养老幼贫病，施舍棺药，收埋尸柩等项善举，无一不备。"（苏州博物馆：《明清苏州工商业碑刻集》）其最终结果就是"东南好义之名称天下"，形成了民间慈善机构分布的不平衡局面。

清代江南地区社会慈善事业的兴盛，与商品经济的发展有一定关系。例如晚清上海慈善机构数目的大量增加，与这一时期上海人口膨胀不无关系。鸦片战争之后上海发展迅速，人口剧增，带来各种社会问题。又如晚清工商业领域的互助活动将广设义冢作为重点，与这一时期各大城市商品经济迅速发展、城镇地价不断增值有很大关系；再加上交通不便和土葬风气的盛行，工商业者便把帮助安葬死者作为最重要的救助内容。另一方面，商品经济的发展带来了城镇繁荣、商业的兴盛，开展慈善活动需要大量的金钱，拥有雄厚经济资源的商人及其帮助必不可少。晚清上海的善堂领导阶层有越来越多的商人参与，如上虞商人经元善等，都是清末上海著名的"善人"。相对而言，经济较为落后的内地虽不乏各类善举，但缺乏持续、稳定实施救助的慈善机构，与当地经济实力较弱也有一定关系。

作者简介

刘宗志，1974 年生，河南南阳人。郑州大学历史学院讲师，历史学博士，主要研究清代社会救济史，发表相关论文十余篇。

清代的粥厂

王　林

　　煮粥赈济灾民或贫民是中国传统的救济方式之一，在灾后赈济和日常救济中都发挥了重要作用。清代粥厂的开设极为普遍，制度和措施颇为健全；同时其利弊也体现得非常充分。

一、粥厂类型和施救对象

　　就开设时机而言，清代的粥厂大体可分为两种类型：一是日常救济中的粥厂，二是灾后赈济中的粥厂。日常救济中的粥厂一般设在京城、省会或州县城内，是清代赈济城市贫民及各地来城的流民、饥民的重要机构。按照清代隆冬煮粥成例，京师五城，每年农历十月初一起至次年三月二十日止，按城设厂，煮粥赈济。直省省会地方，照京师五城例冬月煮赈。各州县亦在城内设粥厂，丰年煮赈一个月，歉岁加展一个月。这类设在城内的粥厂，若遇灾年，一般会增加数量和延长时间。

　　灾后赈济中的粥厂有三种情况，即分别在例赈之前、之后和例赈中间设立粥厂。按照清代的赈济制度，一个地方受灾后，督抚一面向朝廷报告灾情，一面命令下属动用谷仓，将乏食之民，不论成灾分数，均先行正赈一个月；然后在45日内，按查明成灾分数，分别极贫、次贫，再加赈一个月至四个月不等。正赈（有时亦称普赈、急赈或先赈）、加赈（有时亦称大赈）均被视为例赈。这是清代赈济的主体，一般需动用官仓库银。但一个地方受灾后，从报灾、勘灾、审户到发放赈粮、赈银往往需要相当长的时间，这期间如果极贫的灾民得不到及时赈济，就有可能饿死或流向外地，于是就有了例赈之前设立的粥厂，专门救济那些垂死之饥民，防止灾民变成流民。

例赈之后设立的粥厂也相当普遍。清代隆冬煮粥成规："直省省会地方，照京师五城例冬月煮赈。其或夏秋被灾较重，例赈之外，准于近城处所煮粥兼赈。"（《中国荒政全书》第二辑第四卷，北京古籍出版社 2004 年，第 29—30 页）这里提到的"例赈之外"，显然是说在例赈之后，如果灾情较重，当地可以在距城较近的地方开设粥厂赈济。

在例赈中间设立粥厂，是因为普赈和加赈之间往往相隔时间较长，此时灾民需粥厂接济才能活命。

还有一种设粥厂的情况是，一个地方受灾较轻，例不成灾，由当地地方官联合当地绅商富户捐输开办粥厂，救济当地贫民。这种粥厂的特点是，由当地官员和绅商富户捐资设厂，只救济当地灾民和贫民，设厂时间一般比较短。

粥厂救济的对象大体有三种人：即城市贫民、大荒之年垂死之民和离井别乡的流民，后两种人更是粥厂施救的主要对象。这是因为，大荒之年的垂死之民因太过贫穷，等不及灾后的例赈，或者例赈仍无法生存，甚至连做饭的炊具和薪柴都没有，必须依靠粥厂的救济才能活命。

流民急需粥厂赈济原因有二：一是正常的例赈必须先勘灾、审户，确定灾民身份及贫穷程度，然后依据极贫、次贫、稍贫等级给赈。而灾民离开原籍，流落他乡，很难列入正常的例赈。所以在灾后例赈之前开设粥厂就是为了防止灾民流落外地，户口难稽，无法赈济。二是流民流向外地，既增加救济困难，也影响灾后恢复生产，特别是流向城市的灾民，如得不到及时的救济，很有可能聚集滋事，引发民变。乾隆八年（1743）直隶受灾后，清廷之所以在京城周围 8 州县开设 11 处粥厂救济流民，就是为了防止流民进入京城。

二、粥厂的管理和经费

粥厂虽是救济灾民的善举，但要办好也并非易事。粥厂一开，几千人甚至上万人云集，若处置不当，极易引发践踏和滋事，结果救民不成反变成害民。因此，粥厂管理的好坏直接关系到粥厂的成败。

清代粥厂的开设和管理大体有以下程序：

1. 报批。清代的粥厂，除慈善团体固定的粥厂和个人零星的粥厂不计外，一般在灾后开设的大规模粥厂或同时需要开设多处粥厂，都要向朝廷或上级提出申请。申报的内容包括：设厂缘由、施救对象、粮食经费来源、开厂时间、稽查和弹压事项等等，在得到批准后方可设立。

2. 择地建厂。粥厂最怕拥挤，所以，粥厂的选址应宽广，搭盖要结实，因里设厂，以粥就民。离灾民越近越好，粥厂越多越好。一般在 10 里之内，就近村落寺观之处，各设一厂。从清代粥赈的实践来看，凡是成功的粥厂都遵循了上述原则。

3. 发筹和领粥。审户是发赈的前提，凡是符合赈济条件的灾民都要凭审户时发的赈票来领赈。粥厂所发的赈票比例赈票简单，有时甚至不发赈票，但大部分粥厂还是要发粥票或木筹，作为领粥的凭证。从清代有关粥厂文献及粥厂的实践来看，发木

（竹）筹领粥更为普遍。

4. 稽查和弹压。粥厂若稽查不严，很容易舞弊。清代最常用的稽查方法就是由粥厂董事或地方官亲自品尝。粥厂由于是众多饥民聚集处所，若秩序维持不当，很容易出事。因此，每一粥厂都需要若干弹压人员。

5. 安置或遣散。如果是当地饥民在当地领粥，食粥后即可回家，无须安置；如果是无家可归的流民，他们食粥后尚须安置或遣散。

开设粥厂的粮食经费大体有以下几个来源：一是官府调拨，二是地方官捐廉，三是绅商富户捐输，四是动用当地的常平仓和社仓。

从清代的粥厂实践来看，粥厂所需米谷银两主要由地方官绅捐廉、捐输而来。在大灾之年，官府有时也会设立粥厂，或拨付米谷银两资助粥厂，但地方官绅捐廉、捐输仍占主要部分。

三、粥厂利弊及在救荒中的地位

粥厂之利有三：

一是最救急。粥厂是直接将煮好的米粥送到饥民口中，在所有的救死方法中没有比这更快的了。

二是事易集。一般的例赈往往需要经过报灾、勘灾、审户、发票、领赈等诸多环节，程序繁杂、弊窦丛生，常令人感叹救荒无善法。而粥厂的开设则简单得多，有时甚至不需审户、发票，就可以见人施粥。

三是费易办。赈灾是一项耗资巨大的支出，在国力强大时，政府尚可应付，国力稍有不足，赈济就会面临财政困难，而粥厂最能调动地方官捐廉和绅商富户捐输的积极性，充分利用社会力量来救荒。

粥厂之弊有以下几点：

一是奔波跋涉之苦。粥厂以多设近民为宜，可免饥民为一餐来回奔波。但在大多数情况下，粥厂数量有限，饥民奔波跋涉在所难免，这也是粥厂最为人诟病之处。

二是拥挤践踏之苦。粥赈时若组织管理不周，则会出现安全事故。如乾隆二十年江苏如皋大水，第二年正月四门外设粥厂，"有离厂十里外者，皆至厂领粥，先男后女。其路远至厂不得粥者，给米二合，然拥挤颠沛，践踏死者甚多"（《中国荒政全书》第二辑，第一卷，第651—652页）。

三是火灾及冻病之苦。有些粥厂不光煮粥，还为饥民提供住宿，这本是好事，但若管理不当，往往会发生火灾或出现冻病死亡。光绪三年（1877）农历腊月初四日晨，天津大悲庵附近的保生所粥厂发生大火。当时粥厂用箦席搭成，为防寒湿，地上铺柴草一二尺厚，内住妇幼3000余人。由于粥厂只有一个大门，失火时又被紧锁，因此造成巨大伤亡。当时传说烧死2000余人，后来经过清查，除烧毁尸骨无存及四肢散失外，所有尚具人形的妇女幼孩共收得尸体1019具。同年四月，天津各粥厂相继解散，可统计一冬各粥厂内外的死亡者、养病房的死亡者、路毙者、粥厂大火烧死者共上万人。

就整个清代救荒的实践来看，粥厂虽然不是救荒的主体，只占辅助地位，但其在救荒中却是不可或缺的赈济方式，既继承发展了中国历代救济饥民的传统，也体现了中国人乐善好施的品德。在某些灾后赈济中，粥厂也可能成为重要的赈济方式，以弥补例赈之不足。

作者简介

王林，男，1966 年生，河南正阳县人。毕业于北京师范大学历史系，历史学博士。现为山东师范大学历史文化与社会发展学院教授，从事中国近现代思想文化史和社会史的研究和教学，著有《西学与变法——〈万国公报〉研究》等。

清末东北鼠疫及政府的应对

朱　浒

清末的 1910 年 10 月到 1911 年 4 月，中国东北爆发了一场 20 世纪世界上最严重的流行性鼠疫。虽然此时的清政府已处于风雨飘摇之中，但其在这个"龙兴之地"应对鼠疫灾害的一番作为，不仅较为成功地遏制了日俄侵略者的扩张野心，也推进了中国公共医疗卫生事业的近代化行程。

一

这次夺走大量生命的鼠疫，肇因于一种啮齿类小动物——旱獭（tǎ）。它们主要生活在今天的蒙古、贝加尔湖区和中国东北的大片土地上，穴居在干燥寒冷的草甸中，其洞穴通常远离人类的住所。健康的旱獭动作敏捷，但一旦染上鼠疫，就会行动迟缓，并且会被健康的同类逐出洞外。有经验的居民和猎人避之唯恐不及，决不会去捕捉。

到了 20 世纪初，情况开始发生变化。由于旱獭的皮毛只要稍经加工即可与貂皮相媲美，獭皮的市场需求激增，价格亦随之猛涨。到 1910 年，每张旱獭皮的售价比 1907 年猛涨了 6 倍多。丰厚的利润吸引了大量捕猎者，不少逃荒闯关东的苦力也加入这个行列。这些人大都没有猎捕经验，又急于发财，以致连染疫的旱獭也不放过，有的还将染病的旱獭剥皮煮肉充饥。1910 年 10 月 12 日，满洲里发现了第一个病例，就是因为不久前吃过染疫的旱獭。10 月 27 日，瘟疫蔓延到距满洲里 800 多公里的哈尔滨。10 月 31 日，长春又发现两个病例。1911 年 1 月 2 日，沈阳也发现第一例鼠疫死亡者。

东北的冬天气候严寒，人们不得不拥挤在密闭的屋子里取暖，这也大大提高了细菌传染性，使疫病控制更为艰难。闯关东的农民大都寄宿在简陋的客栈，往往赤膊裸体，挤睡在土炕上。除了睡觉之外，土炕还是人们聊天吃饭的主要场所。由于肺鼠疫主要通过呼吸道和唾液传染，于是这种土炕恰恰成为鼠疫传播的温床。紧接着又有许多人忙着春节返乡，结果使病菌愈传愈远。

对疫病的恐惧加剧了传染。当地居民一旦听说有人食旱獭而死，便知道无情的瘟疫到了，于是四散而逃，鼠疫杆菌也就沿着他们的逃亡路线迅速地传播开来。逃避瘟疫的人们，又把瘟疫带给他们的家人、同伴、朋友和更多的陌生人。据官方统计，这次鼠疫袭击了东北三省共 69 个县市，6 万余人丧生。但这些数字是官方根据各地定做的棺材数进行估算的，实际上，由于病死的人太多，棺材不及供应，往往是好几具尸体被塞在同一副棺材里，还有很多被草草掩埋的。这个数字显然是大大缩小了的。

二

就在鼠疫疯狂肆虐东三省之时，亟欲进一步扩张在华势力的列强，也纷纷将魔爪伸向这一片多灾多难的土地。当时的东北，正值日、俄两强南北分据之势。沙俄以哈尔滨为中心，日本以沈阳为基地，划分了势力范围。东北在名义上虽然还是中国领土，实际上却成为日俄的殖民地。鼠疫发生后，日俄双方以"人道主义"为借口介入东北事务，采取行动维护各自的既得利益。他们还将这次鼠疫看作一个在东北继续扩大侵略的大好机会，准备随时进行军事干涉。

为排斥其他国家考察防疫，日本采取了一系列措施，比如在铁路沿线附近设立隔离区，在主要地段布置军事警戒线，成立"联合防疫局"等。但这些"联合防疫局"，其实是由日本关东殖民政府、警察局以及南满铁道株式会社联合组成的，总部设在沈阳，并在长春、铁岭、辽阳、牛庄、安东、大连、旅顺口等地设有分局。在该局2000多名工作人员里，真正的医生只有几十名，绝大多数是警察和其他各类军事情报人员。与其说是"防疫局"，不如说是军事情报组织。

与此同时，俄国也加紧了在自己势力范围内的活动。在哈尔滨，俄方未经中国地方政府同意，即自行决定在铁路线内驻扎俄兵，实行戒严，严格限制中国人出入，并威胁清廷，如果疫情继续蔓延，就将派兵进驻哈尔滨。俄外交大臣沙查诺夫宣称，制止鼠疫的"唯一办法是俄国在中国北部中心驻扎军队"。在满洲里，俄兵也以检疫为借口，越境挑衅。就连在万里之外的新疆塔城地区，俄国也以防疫为借口集结了大量炮队、步兵及哥萨克骑兵。俄政府甚至照会英法日三国，对清王朝"阻其防疫"深为不满，决定诉诸武力。其以防疫为名，侵占中国领土的企图昭然若揭。

满洲里的鼠疫一经发现，俄国人便立即将在当地谋生的近3000名华人集中到几节火车瓦罐厢里，无衣无食，苦不堪言。在扎赉诺尔煤矿区开荒的数百名关内农民，同样被俄国人拘留于瓦罐车内，住房用具全部焚毁。其后，俄国人又先后将满洲里和其沈阳租界内的一万多名难民驱逐出境，并用火车押往长春。为此，满洲里俄国庶务会还向中国商铺索取7万余元的拘留费。这些难民被送往长春后，日本人又以避免鼠疫传播为由，不许他们下车。许多人没有死于鼠疫，却死于寒冷和饥饿。

三

在晚清外交中备受屈辱的清政府，决定独立自主地控制鼠疫。瘟疫发生后两个月，在东三省总督锡良的请求下，清廷指派北洋陆军医学院副监督伍连德率领一支由医生护士组成的医疗队，前往疫情最重的哈尔滨进行防治工作。在整个防疫过程中起决定作用的，也正是以伍连德为首的一批中国人。

伍连德是第一个在剑桥大学学习医学的中国学生，1903年获得医学博士学位。1910年12月20日，伍连德率领医疗队一抵达哈尔滨，便被当地糟糕的卫生条件惊呆了。当地主管官员根本不相信什么细菌和西药，也没有任何医院、实验室和消毒站，只有一座瘟疫房，只要略有咳嗽、吐血和头痛症状的人，就马上被当作疫病患者关起来。

这场防疫的困难是巨大的。他们不仅要同恶劣的卫生和自然条件作斗争，还要与各种各样的偏见和陋俗交锋。由于当地习俗反对解剖尸体，伍连德无奈只好冒险解剖了两具日本人的尸体，从而确定罪魁祸首是肺鼠疫。另外，由于尸体太多，其上残留的病菌可存活到第二年春天，所以最好的方法是火化，但这又是对传统观念的一个挑战。伍连德和锡良只得请求清廷颁旨准行。时届春节前夕，大批农民回流山东、河北老家，伍连德起初在火车站建立检疫站，因人数太多，检疫工作无法进行，有的人还有意绕道回家，故而只好请求当局派士兵帮助检查。

最艰巨的工作是彻底控制病源。伍连德会同当地官绅组成临时防疫会，采取措施隔离患病者。为保证检疫效果，又组成搜索队，分区分段、逐街逐户进行清查。搜索队在每个区都反复检查，直至确定疫情消失。艰苦的努力终于收到成效。1911 年 3 月 1 日，哈尔滨报告了最后一例鼠疫患者。这场蔓延东北、华北地区的大瘟疫终于在 3 月底被控制住了。

1911 年 4 月 3 日，在伍连德的建议下，清廷在沈阳召开了中国历史上第一次国际鼠疫会议，参加大会的有来自 11 个国家的专家学者。伍连德担任大会主席，并就此次鼠疫防治工作做长篇报告，提出了一系列有关鼠疫的理论与主张，得到广泛认同与赞赏。这次会议的召开，也成功地抵制了日俄的干涉，使其趁疫灾加紧侵略中国东北的企图未能得逞。

这次鼠疫对中国另外一个意义深远的影响，是西医在中国的进一步推广和传播。面对致命的疫病，当时传统的中医显示出其局限性。防治效果的巨大反差，不仅使中国政府认识到了现代公共卫生系统的重要性，还使许多普通民众对西医西药有了更多的了解。1912 年初，清王朝在哈尔滨设立东三省防疫事务总处，这是中国最早的一个较为健全的近代卫生防疫机构。正是有赖于此次防疫的经验教训，1917—1918 年的山西鼠疫和 1920—1921 年东北再度爆发的鼠疫，都得到了比较有效的控制。

作者简介

朱浒，1972 年生，浙江杭州人。中国人民大学历史学院副教授。主要研究方向为中国灾荒史，著有《地方性流动及其超越：晚清义赈与近代中国的新陈代谢》，发表学术论文 20 余篇。

辛亥风潮与长江大水

朱 浒

  历史上，许多王朝的末世都伴随着大规模的自然灾害和饥荒促成的社会冲突、社会动荡。20 世纪初，清朝覆亡之际，灾害和饥荒并没有受到应有的关注，人们更多地将目光投注于革命本身。但是灾荒却仍然构成了革命风潮兴起的不可忽视的背景。这一时期最严重的灾害，是长江流域在辛亥前夕连续数年的严重水灾。这实际上也标志着一个新的灾害时期的到来。

一

  自从长江流域取代黄河流域成为中国的经济重心以来，其生态环境也随着不断的开发而日益恶化。尤其是经历了"康乾盛世"的大规模经济扩张之后，从清朝由盛转衰的嘉庆、道光年间开始，长江流域便从"历代以来有河患无江患"一变而为"几与河防同患"。进入 20 世纪初，长江流域的灾荒更是愈演愈烈。

  1906 年，湖北、湖南、安徽、江西、江苏、浙江等长江中下游地区，几乎无一例外地遭到洪水的袭击。湖南省发生的是"二百余年所未有"的水灾。从 2 月到 5 月，连续三四个月的大雨使长江、湘江同时暴涨，仅长沙一带便溺毙不下 3 万人。江苏则既承受上游建瓴下注之洪水，境内又淫雨连绵，全省共 61 个州县低处田庐悉遭淹没，各处灾民不下两三百万。

1909 年，长江之水再次澎湃。大水冲溃湖南公安县 400 余丈的护堤，江水直灌洞庭湖，滨湖各县圩堤纷纷溃决，全省"非赈不能存活"的灾民多达百余万人。湖北水灾则延袤（mào）六府一州，"被淹之广，实为多年所未有"。在武昌、汉口，大水灌入城内，许多街道水深数尺。

1910 年，又一场严重水灾袭击了长江中下游地区。其中，湖北受灾 28 州县，江西 14 州县，浙江 30 余州县。安徽省更是江淮并涨，南北皆水。据统计，安徽全境 60 个州县中 56 个在洪水中挣扎。湖南省自初夏以后，先是天寒地冻，继而暴雨狂风，当年的《大公报》惊叹："真奇灾也。"

1911 年，又发生了面积更大、灾情更重的水灾，灾区几乎囊括了长江中下游沿江一带所有省份。湖北于 6、7 月间风狂雨骤，襄水陡涨二丈余，将去年坍溃后费时近半年才新筑成的大堤冲决 130 余丈，附近州县一片汪洋，人烟断绝。湖南自春至夏，雨多晴少，造成江湖水势骤涨，"灾区之广，为从来所未有"。江西浔阳、九江一带因湘鄂洪水暴涨，田苗多遭淹没。入夏后又连日淫雨，南昌、鄱阳等地平地水深数尺，街道可行船。安徽入夏后大雨时行，江潮暴发，滨江沿河一带，村镇倾圮，庐舍飘荡。8 月底，长江沿岸又发生了一场暴风雨，铜陵、庐州、宿松等十余州县淹没农田总计不下 170 万亩。位于最下游的江苏省，灾情与安徽不相上下，一方面江潮涌涨，另一方面暴雨不绝，全省多处洪水泛滥。这不仅造成成千上万的灾民背井离乡，甚至出现了"人相食"的惨剧。

二

辛亥前夕的长江洪灾，不论是强度还是规模，在长江水灾史上，都不是特别突出。但是，这一时期的水灾造成的人口和其他各类社会损失，却属于晚清最惨重的。那么，其中的根本原因又是什么呢？

清朝统治者从立国之初，便对严重威胁农业生产的灾荒给予了高度重视，在吸取、借鉴历代经验教训的基础上，逐步形成了一套相当周密而完整的防灾救荒机制，并一直起着规范作用。这套制度在政治较为清明、国力尚属强盛的时候，的确发挥了一定的积极作用。但是，随着晚清国势的衰颓，社会经济凋敝，官僚贪污腐败，许多政策性规定日益成为具文，大大削弱了晚清王朝的救荒能力。

到了辛亥时期，这种救荒能力的削弱表现得更为明显。清政府一方面不得不支付巨额对外赔款，另一方面为挽救衰亡命运而推行"新政"，从而造成更为浩繁的经费支出，使其抗灾能力极度弱化。例如，1911年，清政府从国库中拿出的救灾款仅有白银11万两，还要分拨安徽、江苏以及直隶、山东等10个受灾省份。此外，政府又靠当时掌握国家大部分实业的盛宣怀多方筹集了70万两赈款。这些款项能够起到多大效果呢？以安徽为例，除清政府无关痛痒地宣布蠲缓34州县一年丁漕及应征漕银外，安徽一共收到赈款17万两，然而仅修复省内堤坝，就"至少非五六十万金不办"。而按灾民户口赈给粮种钱款，大口之家得400文，小口之家得200文，所能买到的种子只够种一亩地。据当时最大的民间赈灾组织华洋义赈会查勘，"灾民约计江北一百万人，江苏中部十万人，安徽五十万人，安徽中部三十万人"，即以灾民六十五万户计，"冬春之间，极少需洋一千万元"。这样的赈灾力度，其后果可想而知。

更糟糕的是，此时的政府除无力对灾民进行有效赈济外，甚至无法防止因社会秩序混乱而使灾民遭受的额外盘剥。例如，在湖南，当大批饥民衣食无着的时候，不仅依然有大量粮食被运往外地，而且很多豪绅地主和投机商人趁灾荒之际争相抢购谷米，囤积居奇。一时间，湖南米价一日数涨，往年每石两三千文，1910 年猛增到七八千文，4 月 11 日长沙米价更突破了每石 8000文大关。长沙人民的心理承受力也达到了极限。一场前所未有的政治大风暴正在逼近。

三

1910 年 4 月 11 日，长沙挑水工黄贵荪的妻子欲以手头仅有的 80 文钱购买一升米，但因杂有几文当时不通行的大钱而遭店主拒绝。等到傍晚凑足钱数再来买米时，米价又上涨了 5 文。两手空空的妻子悲愤自杀，黄贵荪闻讯后也带着两个孩子投塘自尽。次日，消息传开，忍无可忍的平民捣毁米店，要求开仓平粜。可是官府不仅不予批准，反而派兵弹压，结果导致了更大反抗，最终酿成了震惊国内外的长沙抢米风潮。

实际上，长沙抢米风潮不过是当时蔓延长江中下游地区的抢米风潮中最突出的一个例子。而这场抢米风潮又是 20 世纪初全国农民群众自发斗争进入一个新高潮的重要组成部分，以武昌起义为肇端的辛亥革命运动正是在这样的背景下爆发并迅速席卷全国的。所以，当我们重视探讨革命前下层民众的反抗斗争是革命发生的基本条件之一时，也不应该忽视自然灾害这一重要因素。

辛亥前夕的长江水灾正是导致长江中下游地区严重抢米风潮

的直接原因。根据资料统计，1906 年全国发生抗捐、闹漕、抢米等反抗斗争约 199 起，其中一些规模和影响较大的事件，主要就发生在当年遭灾的浙江、江苏、安徽、湖北、江西等省份。1907、1908 年两年，抢米风潮稍见沉寂，这与同期自然灾害相对减轻是完全一致的。1909 年，全国下层群众的自发斗争约 149 起，而其中几次规模较大的抢米风潮和饥民暴动，同样是发生在灾情最重的省份。到了 1910 年灾荒形势急剧恶化之际，群众的自发斗争也陡然上升，全国各地发生的抢米、抗捐等风潮总计多达 266 起，而抢米风潮就有 50 多起。1911 年，抢米风潮继续在多处地区蔓延。

这些斗争虽然是局部和零散的，但当它们和蓬勃发展的革命运动相结合时，终于汇成一股摧枯拉朽的强大力量。武昌起义后三天，当地革命派就在一份告全国檄文中指出，不可不革命的一个重大缘由就是"全国饥民，数逾千万，迫饥寒而死者，道路相望"。当时的著名学者、近代启蒙思想家严复也在致《泰晤士报》驻北京记者莫理循的一封信中，把"近几年来长江流域饥荒频仍"归结为武昌起义的原因之一。就连清廷的许多官员也不得不承认，普遍发生的饥荒造就了革命发展的燎原之势。而孙中山早在 1897 年就曾经指出，"贪污是产生饥荒、水灾、疫病的主要原因"，革命党的存在"正是为了除去和反抗这些原因和倾向"。清王朝早已失去了继续存在的任何社会基础，所谓的"天命"再也无法乞灵了。

清代的"走西口"

刘　平　柳亚平

　　燕山南北的长城一线，作为北方游牧文化与中原农耕文化的接壤地带，既是北方民族南下逐鹿中原的必经之路，也是人口往来的重要通道。清王朝统一内外蒙古，烽烟不再，越过长城，出口谋生、经商、游历的人口数量渐增，形成中国历史上有名的大规模移民活动——走西口。

　　走西口，亦称"走口外"，指山西北部、陕甘北部等地的百姓前往长城以北的蒙古草原地区从事垦荒、经商的移民活动。所谓"口"，指长城沿线少数民族和内地汉人的贸易之处（互市）。西口，系与"东口"张家口相对而言，但西口的具体位置，有归化城（今呼和浩特）、包头、山西右玉杀虎口等说法。客观而言，以自发性移民为主体的走西口大多属于就近出口，归化土默特地区以山西人为主，五原、临河移民主要来自陕甘北部，这种情况说明移民不可能从一个确定的西口出关北上，"走西口"应当被视为与"洪洞大槐树"类似的文化象征符号。随着清末晋北、蒙古南部地区二人台曲目《走西口》的流行，这一笼统的称呼，才越来越普遍，并最终成为内地向长城以北地区移民的代名词。

　　走西口移民以晋北、陕北的贫苦农民为主，其次是从事贸易的商人。晋西北的保德、河曲、偏关，雁北的朔县、平鲁、左云、右玉、山阴，陕北的府谷、神木、榆林、定边等地是主要的移民输出地。旅蒙商人则主要是来自晋中的平遥、太古、祁县等地。晋陕走西口移民一般出右玉县杀虎口前往土默特，另外一部分则走水路前往河套、后山地区，还有一些民人则由古城前往伊克昭盟一带。

晋陕之所以成为主要的移民输出地，与当地的自然环境有密切关系。该地区沙侵地瘠，自然环境恶劣，出外佣工佃耕者甚众，当地流传着"河曲保德州，十年九不收；男人走西口，女人挖野菜"的民谣。炊烟相望的蒙古地区则土地丰饶，蒙古牧民招揽汉人垦荒，无疑是极具吸引力的。因此，沿边很早就出现春种秋归的"雁行"人。晋中商人是自明初为边镇运输粮食而发迹的，他们拥有地利之便，由最初的贩运粮食、经营盐业，发展到垄断蒙古与内地的经贸往来。由晋商带来的"踩路效应"，吸引了很多人前往口外寻求发展机会，甚至河北、山东一带的贫民也闻风北上，赴口外谋生。

秦汉以降，不断有内地汉人迁往口外的记载，但大多属于朝廷因战争而推行的移民实边，旋兴旋灭。元亡明兴，蒙古势力退居长城以北，依旧保持强大的军事力量，不时挥兵南下，劫掠人口，明王朝遂在长城一线重兵驻守，严禁内地人口、物资出边。至嘉靖年间，蒙古鞑靼（dá dá，明朝指东蒙古人）部首领俺达汗"纳叛人赵全等据古丰州地，招亡命数万，屋居佃作，号曰'板升'"（《明史》卷二百二十二，列传第一百十）。这类名为"板升"的居民点逐渐构成明蒙对峙下一种特殊的移民形态。隆庆六年（1572）和议，明朝开放长城沿线，与蒙古互市。神宗万历三年（1575），应蒙古之请，明廷赐俺达汗新建城池名为"归化城"，此后双方往来日渐频繁，为数不少的汉人前往蒙地垦种，甚至入赘定居。明末流寇四起，晋陕民众纷纷前往蒙古地方躲避战乱。

清王朝早在入关之前就已经获得蒙古各部的臣服，并在乾隆年间最终解决漠西厄鲁特蒙古问题，蒙古各部编立扎萨克盟旗，长城一线关隘失去往日的战略价值，人民往来更加便利，"走西口"的移民热潮开始出现。随着官方政策的变化，清代"走西口"大致可分为三个阶段。

一、从清初到乾隆十三年（1748），是"走西口"移民的起始阶段。顺治年间，清廷严禁兵民"往垦口外牧地"，并在晋陕北部与鄂尔多斯等地接壤处划设界地，蒙汉均不准越界放牧或垦种。康熙年间，清廷用兵西北，康熙帝下令在归化城周边设立皇庄13座，招民垦种，但严格控制出口人数，"每年由户部给予印票，逐年换给"。移民须持票出边，且不许携带家眷。出口垦种者，每年春种秋归，不得滞留蒙地过冬。雍正年间，清廷鉴于内地灾荒，提出"一地养两民"的政策，允许蒙民收租、汉民承佃，出关禁令有所松弛。总体来看，这一阶段的走西口移民仍旧延续着明末以来所谓"雁行"的垦种方式，出口者逐年增长，但定居者寥寥。

二、从乾隆十三年至清末，是"走西口"移民的调整阶段。乾隆十三年，清廷以口外垦种致使蒙古丧失本业为由，勒令蒙古赎回土地，禁止典当。三十七年，清廷再次重申禁止内地民人出边垦种。然而，内地人地矛盾尖锐，走西口移民难以禁绝。不久，禁令废止，口外移民数量逐渐回升，"秦、晋沿边州县移垦之民遂日众"。嘉庆初年，清廷废止出关查验制度，内地民人"走西口"蔚然成风。这一时期走西口的显著特征是大量移民从"雁行"逐渐转为定居，并开始在一些定居点取得人口优势，如归化城汉人"渐由客籍而成土著……而民人生齿之繁，遂远非蒙族所可及"（绥远通志馆编：《绥远通志稿》卷七十三）。

三、清末十年是"走西口"移民的高峰时期。晚清时期，边疆地区危机四伏，光绪二十八年（1902），清廷任命贻谷为督办蒙旗垦务大臣，在乌兰察布、伊克昭二盟和察哈尔八旗等游牧地丈量蒙地，办理开垦。清廷还颁布了一系列优惠政策，鼓励内地兵民迁往口外。口外移民获得合法身份，蒙地垦荒也由"私招私垦"变为公开招垦，迁往口外的人口数量激增，有力推动了农耕区的向北拓展，但也引发了蒙汉之间的利益冲突，大规模招垦曾一度陷入停顿。

有清一代走西口移民数量相当庞大。以归化厅为例，雍正初年，散居土默特的就有2000多家，归化城外另有500多个汉人村庄。至嘉庆朝，归化六厅大约有三四十万人。光绪末年，归化诸厅人口已经超过100万。如果加上没有入籍的雁行人、流动商贩，以及远赴新疆、东蒙乃至辽东的人口，走西口移民的规模十分可观。

清亡后，民国政府继续推行放垦政策，前往蒙地谋生者有增无减。新中国成立初期，仍有不少走西口的内地人，但走西口移民潮已近尾声。

走西口不仅仅是内地向边疆地区的移民，同时也深刻记录了游牧文化与农耕文化进退消长、互相交融的历程。外来移民的到来，成为蒙汉交流的重要纽带，北上汉人带去先进的耕作方式，使得千里大漠变成了"塞上粮仓"。围绕晋商聚居点，逐渐形成了塞外重要的商品集散中心，包头就因为与晋商的密切关联，而流传着"先有复盛公，后有包头城"的说法。随着定居移民的增加，蒙地行政设置也逐步完善，对巩固边疆防务起到积极的作用。蒙汉之间的频繁交流开始改变各自的社会风俗，晋陕北部、内蒙古地区流传很广的二人台更是双方文化交融的结果。

然而，走西口作为民间自发性的移民浪潮，本身也存在很多负面因素。首先是马匪活动的猖獗，在当时官方统治薄弱的情况下，生活无着者很容易落草为寇，致使该地区在相当一段时间内游离于正常秩序之外。其次是鸦片的普遍种植，民人吸食鸦片者甚众。再就是不合理开发导致生态危害。移民的盲目开垦，破坏了草场原有的生态系统，从而引起草场萎缩、水土流失、土地沙化等不良结果，晚近肆虐的沙尘暴就与该地不合理的开发有关。

总体而言，走西口无论在时间跨度还是从人口规模上，都是中国历史上著名的人口大迁徙，反映了王朝政治与民间社会的双重互动，其诸多方面仍然有待探讨。

作者简介

刘平，1962 年生，苏州人。历史学博士，山东大学历史文化学院教授、博士生导师，研究方向为中国秘密社会史、中国近现代社会史、民间文化与民间信仰；主要著作有《文化与叛乱——以清代秘密社会为视角》《被遗忘的战争——咸丰同治年间广东土客大械斗研究》等。

柳亚平，1984 年生，宁夏隆德人。历史学硕士，山东文化音像出版社编辑。

乾隆朝礼制中的政治文化取向

林存阳

礼教或礼乐教化，一直被历代统治者视为统摄社会、维系人心的一大法宝。至有清一代更呈现出新的发展态势，尤以乾隆朝为显著。

清初，由于时局的不稳、社会人心的隔膜、满汉文化间的冲突，尤其是以理学为政治文化导向的方兴未艾，对礼的诉求，一是不那么迫切，二是时机还不成熟。然而，将理学作为统治思想，尽管取得了暂时的成效，但随着时势的发展，其局限性也逐渐显露出来。所以，乾隆朝改元伊始，与康熙朝以理学为核心的政治文化抉择、雍正朝以吏治为核心的制度化建构不同，更着意于礼文化的张扬。本文以乾隆朝对礼的制度化建设为视点，通过梳理《钦定大清通礼》等的纂辑缘由、经过和成果，揭示其所蕴含的"以礼为治"的政治文化取向。

《钦定大清通礼》：士民遵循的行为准则

乾隆元年（1736）六月二十三日，乾隆帝发布上谕，命开始纂辑礼书，钦定大清通礼馆正式启动。

乾隆帝颁发修礼书谕后，清廷即以礼部为核心，组织人员投入此项工作。承其事者，计有总裁、提调、纂修、收掌、誊录等职。人员虽不像三礼（指自乾隆元年开馆，至乾隆十三年最后成书的《三礼义疏》。包括方苞领纂的《周官义疏》、周学健领纂的《仪礼义疏》、李绂领纂的《礼记义疏》，为清兴以来《三礼》学集大成之作）馆队伍壮大，亦不如三礼馆中名儒众多，但其职司所在，且有《大清会典》及前代礼书可资借鉴，操作还是较为便利的。

《钦定大清通礼》一秉乾隆帝"法古准今"之意，依《周礼》吉、嘉、军、宾、凶的顺序（吉礼，尊天祖也；嘉礼，本人道也；军礼，征伐大权也；宾礼，柔远人也；凶礼，以厚于终也），进行排纂。于每篇之首，弁以数言，括其大旨，并在目录依次罗列诸仪之名，以便翻阅。其式则仿唐《开元礼纂》。这些编纂取向，比较符合乾隆帝所期许的本意，即："是编也，约而赅，详而不缛，圭臬群经，羽翼《会典》，使家诵而户习之，于以达之人伦日用之间，兴孝悌而正风俗。"（《御制大清通礼序》，《钦定大清通礼》卷首）

经过 20 余年的经营，《钦定大清通礼》五十卷于乾隆二十四年最后编竣，并付刊行。其间，乾隆帝还曾因此书进呈屡有错误，下旨申饬相关官员，可见乾隆帝对纂辑礼书的重视。《钦定大清通礼》编成，乾隆帝亲为此书撰序，对纂辑礼书的意义加以阐发，体现出他注目于礼，意在使其化为人们的内在自觉，以成理想之治。

然而，《钦定大清通礼》刊刻之后，由于板藏内府，流行不广，故直省士民鲜得观览。这一状况，与纂辑初衷是有很大差距的，与乾隆朝中后期政治关注点的转移（如文字狱的兴起、致力于武功、白莲教的起事等）有密切联系。直到嘉庆朝末期，《钦定大清通礼》才再度受到关注。道光帝继位之后，继续嘉庆帝未竟之业，分门别类，再加增辑，于道光四年（1824）八月，汇为五十四卷，刊刻颁行，其影响一直延续到清末。

《皇朝礼器图式》：国家典礼器物的标准化

礼图之作，由来已久。乾隆帝既以更新政治、以礼为治为取向，故于钦定《三礼义疏》《大清通礼》撰成之后，又着意于事关国家典礼、具有皇权象征意义的礼器图式的厘定，即藉器以求其精义，由此而塑造一种凸显国家典礼的文化模式。乾隆二十四年敕撰《皇朝礼器图式》，更彰显出清廷对国家典礼制度化建设的关注。

《皇朝礼器图式》始修于乾隆二十四年，至二十八年校刊，共分六门十八卷，计祭器二卷，仪器一卷，冠服四卷，乐器三卷，卤簿三卷，武备五卷。主事者中，允禄曾任三礼馆监理，汪由敦曾任三礼馆副总裁，此时再主持皇朝礼器图式馆事宜，已经积累了一定的纂辑经验。而蒋溥、何国宗、观保等人，或工诗善画，或长于测绘，或职司武备，他们总裁馆事，亦属本色当行。

《皇朝礼器图式》于乾隆二十八年校刊之后，乾隆帝又组织人员对此书加以校补，至三十一年完成。福隆安等所谓"治定功成之会，弥著中和；礼明乐备之辰，式彰美善"，即体现出校补的用意所在。但是，乾隆帝强调衣冠沿袭满洲旧俗，则反映出其狭隘的民族心理意识；同时也反映出满汉文化虽整体上趋于融合，但其间的隔阂，历经百余年仍难以消除。

《钦定满洲祭神祭天典礼》：凸显和规范满人礼仪

如果说《钦定大清通礼》意在为汉人民众制定行为规范的

话，那么《钦定满洲祭神祭天典礼》则是在彰显满洲习俗导向下对满人礼仪的一种规范。

乾隆十二年七月，当《钦定三礼义疏》已经完稿、《钦定大清通礼》正在紧锣密鼓地纂辑之际，乾隆帝于初九日颁布上谕指出满人祭神祭天中存在的问题，这一状况，事关满人的民族个性，更关乎满洲内部的一致性，以及满洲礼俗在满汉文化体系中的正当性与主体性。乾隆帝认为："若不及今改正，垂之于书，恐日久讹漏滋甚。"此即《钦定满洲祭神祭天典礼》编纂之缘起。

承其事者，有允祹、允禄、弘昼等亲王；还有傅恒、阿岱等一时阁部重臣，足见其对纂修《钦定满洲祭神祭天典礼》的重视。

诸王大臣对于祭神祭天的奏议、故事、行礼仪注、祝词赞词、器用数目、图式等，详悉胪（lú，罗列）载，每一卷成，即缮本呈进，而乾隆帝"复亲加核改"，遂成书六卷。经过此番经营，满洲祭神祭天典礼中所存在的"礼节相沿，未有载籍；而所用祝词，口耳相传，或字音渐淆，转异其本"（纪昀等：《钦定满洲祭神祭天典礼·案语》，《钦定满洲祭神祭天典礼》卷首）等问题，基本上得到了规范。《钦定满洲祭神祭天典礼》的编纂，在凸显满洲祭神祭天典礼遗风的同时，亦蕴含着整合满汉文化的意向。

除以上诸书之外，乾隆朝所修《清朝文献通考》《清朝通志》《清朝通典》，于礼制沿革和建设，亦皆有阐述，以彰显"诸治神人而和邦国，定损益而酌古今，宏纲巨目，皆前代未有之隆仪，为百王之巨范"的政治文化取向。若再结合《大清会典》《事例》及《礼部则例》有关礼的制度化建设和规范，可以看出，乾隆帝对礼的关注和逐步整合，是颇有系统性的。诚如时人所言："钦惟我朝圣圣相承，重熙累洽，规模隆盛，载在册府，垂法万世。有《大清会典》《则例》以详其制度，有《皇朝礼器图式》以著其形模，悉经睿裁，订定损益，折衷至为赅备。至于仪文秩序，条理灿然，则《大清通礼》一书，准彝章而垂定式，并非前代礼书所能及其万一焉。"（《清朝通典》卷四十一《礼·吉一》，浙江古籍出版社）这也正彰显出乾隆朝政治文化之新取向。

总之，乾隆帝既然以寻求"内圣外王"为致力方向，故其具体操作，一是注目于《三礼》意蕴的抉发，即藉纂修《三礼义疏》对此一意向进行学术、理论论证；而为了将这个意向切实落实，乾隆帝又采取了其他更具操作性的政治举措，即纂辑《钦定大清通礼》《皇朝礼器图式》和《钦定满洲祭神祭天典礼》。如此，乾隆帝对礼的关注和讲求，既有了思想的依据，又有了制度的可操作性。思想和制度的结合，遂使清廷的政治文化抉择，明显地体现出"以礼为治"的特征。

当然，乾隆帝"以礼为治"的政治文化取向，乃就其大体主导意向而言。事实上，在具体的政治操作中，礼之和谐性和规范性的作用是有一定限度的，至于对作奸犯科等违反、危害社会行为的制裁，还需律法来加以惩治。《大清律例》《大清会典事例》以及则例等的不断纂修、增补，即是针对此一情形而设的。尽管律例在实践层面比礼的适用性更强，但在统治者的观念中，律例始终处于"弼教"的从属地位。这一理念，体现出清廷对礼与法之以礼为主、兼资其用的取舍旨趣。而需指出的是，尽管乾隆朝在礼制建设方面做了一定的努力，但限于时势，其在现实运作中的实施程度和效果则与其设想是有很大差距的。这一历史现象无疑为后世寻求社会治理，提供了一个镜鉴。

作者简介

　　林存阳，1970 年生，山东省济宁市任城人。中国社会科学院历史所清史研究室副研究员，主要研究清代学术思想史、政治文化史，尤以清代《三礼》学为主攻方向。参加、主持多个重大学术研究课题，发表学术论文 50 余篇。

东学西渐的先行者

史革新

鸦片战争以后，中国出现了学习西方的热潮，与此同时，中国的有识之士也看到东学西渐的必要性，并做了一些脚踏实地的工作，为中华文化的外播作出了贡献。王韬、陈季同、辜鸿铭等人便是其中的佼佼者，充当了"东学西渐先行者"的角色。

王韬（1828—1897），字紫诠，号仲弢（tāo），江苏吴县人。他早年供职于上海墨海书馆，参与外国传教士主持的翻译西书的活动。同治元年（1862），王韬因上书太平天国事而受到清政府的通缉，避难于香港，结识了英国传教士理雅各。当时理氏正着手英译中国儒学经典。所译《四书》英文本作为《中国经典》的一、二卷已经在港出版，其他各经籍的翻译工作进展得艰难而缓慢。遇到王韬，他立即聘其为译书助手。由于王韬的加盟，译书工作进展速度加快。至同治四年七月，《书经》译述宣告完竣，作为《中国经典》第三卷刊刻行世。随后，《诗经》等的英文译本相继告成出版。与以前流行的中国古代典籍译本相比，理雅各、王韬合译的《中国经典》，内容相对齐全，翻译水平比以前的同类作品有所提高，在很长一段时期内成为欧洲汉学界研究中国古代典籍的标准译本。

王韬具有深厚的传统学术文化造诣，被时人称为"人中之龙，文中之虎"，他在《中国经典》的英译工作中起到了极其重要的作用。他负责所有译著的前期基础工作。每译一经，他都要事先博采群书，详察密考，写成笔记，以供翻译之用。对于理雅各弄不懂或有疑问的地方，还要研讨说明。他为翻译整理编写出大量的笔记与资料，如《皇清经解校勘记》二十四卷、《国朝经籍志》八卷等。他所写的文章有很多被收入《中国经典》。王韬赴英助译时曾作历学论文五篇，其中两篇为理雅各所采纳，收到《中国经典》第五卷书首的序言中。理雅各高度评价王韬所做的努力，他在一封致友人的信中称赞王韬说："对我来说，只有第一流的中国学者才有价值。我还没有遇到过一个能够与他匹敌的本地学者。"（张海林：《王韬评传》，南京大学出版社 1993 年版，第 105 页）

继王韬之后，陈季同、辜鸿铭继续光大中华文化外播的事业，先后用西文撰写出介绍中华文化的著作、译作，把中华文化的外播事业向前推进了一步。

陈季同（1851—1905），字敬如，福建福州人。早年肄业于福州船政学堂，后被清政府派遣出国，担任翻译、参赞等职，代理中国驻法公使兼比利时、奥地利、丹麦、荷兰四国参赞，先后在西方居住了近 20 年之久。陈季同通晓多种西方文字，对法文尤其精通。他对西方社会政情的见解以及对法文的掌握运用，在当时国内很少有人能够企及，甚至连西人也赞叹不已。陈季同晚年曾经主持过南京的翻译局，做过一些向国内传播西方文化的事情，但这方面的成绩似乎并不显著。他在中西文化交流中的突出贡献，在于以自己撰写的西文著作（主要是法文著作）直接向西方社会介绍中国，传播中华文化。从 19 世纪 80 年代中期起，他陆续出版了不少法文著作，行销于法国及其他欧洲国家，介绍了中国的不少情况。陈季同的书主要由以下两家出版社出版：

由巴黎加尔马恩·莱维出版社出版的:《中国人自画像》,对中国的风俗、文化作了详细介绍,引起法国读者的浓厚兴趣,后被译成英、德等国文字在欧美流传。《中国人的戏剧——比较风俗研究》,是一部中法文学比较研究随笔集,于光绪十二年(1886)出版,年内3次印刷。《中国故事集》,选译了《聊斋志异》中的26篇故事,是陈季同的第一本译著,于光绪十五年七月出版,年内3次重版,次年被译成意大利文在罗马出版。

由巴黎夏尔朋铁出版社出版的:《中国的快乐》,分类介绍了中国的传统节日、郊野之乐、各类人群的娱乐及游戏,描绘出一幅生动的东方民族风情画卷。光绪十六年三月出版。同年,英国伦敦出版了该书的英译本。《黄衫客传奇》,是陈季同在唐代传奇《霍小玉传》的基础上用西文创作的一部长篇小说,光绪十六年十一月出版,光绪二十六年被译成意大利文在罗马出版。《一个中国人描绘的巴黎人》,光绪十七年五月出版,作者以一位中国文化人的身份,描绘了自己所亲历的异域人民的日常生活。《吾国》,光绪十八年二月出版,由陈氏在欧洲撰写的11篇文章所集成。

陈季同的以上7种法文著作体裁多样,内容丰富。有些书出版后,一度成为法国及欧洲的畅销书,在西方社会产生了轰动性效应,有助于在海外播扬中华文化、破除西方世界对于中国及其文化的传统偏见。

旅居欧洲多年的陈季同发现,西方人并不缺乏了解中国的好奇心,但对于中国及其文化又存在着严重的偏见。他感慨地说:"在欧洲,我不仅常常被问及一些极为荒谬可笑、愚不可及的问题,而且发现,甚至那些自称要描述中国的书籍也谈到了许多怪诞不经的事情。"作为一个中国人,他的民族自尊心受到了极大的刺激,决心要亲手破除这些偏见。他认识到,这些"错误的形成来源于偏见。因此，当我觉得有能力写一部关于中国的书以表达我个人的印象时，就决定提笔写出它并将其发表。作为一个中国人，我想我恐怕更有资格去完成这一任务。至少不比他们缺少便利条件"（陈季同：《中国人自画像序言》，贵州人民出版社1998年版）。基于这种考虑，陈季同确立了这样的写作宗旨：

"我打算在这本书（指《中国人自画像》一书）中实事求是地描述中国——按照自己的亲身经历和了解来记述中国人的风俗习惯，但却以欧洲人的精神和风格来写。……总之，像一位了解我所知道的关于中国一切的欧洲人那样去思考，并愿意就研究所及，指出西方文明与远东文明之间的异同所在。"（同上）

从陈氏著述的内容及效果来看，他基本上实现了这一目标。

辜鸿铭（1857—1928），名汤生，原籍福建同安。自幼留学英国，曾遍游德、法、意、奥等国，精通西方语言及文化。回国后，长期担任洋务派大吏张之洞的幕僚，后任清政府外务部左丞。辛亥革命后，为北京大学教授。辜鸿铭以"精通西学而极端保守"的思想表现而被人们称为近代中国的"文化怪杰"。独立完整地向西方翻译儒家经典，便是他在向域外传播中华文化作出的积极努力。

王韬协助理雅各翻译出版的《中国经典》获得诸多好评，但也存在不少缺陷，受到一些中外学者的批评，其中就包括辜鸿铭。辜鸿铭曾对《中国经典》存在的问题予以尖锐批评："这些译著并不都令我们满意。巴尔福先生公正地评论说，在翻译这些经典的过程中，大量地依赖了那些生造的专门术语。我们感到理雅各博士所借用的那些术语是生涩的、粗疏和不适当的。有些地方简直不合语言习惯。"（辜鸿铭：《中国学（一）》，黄兴涛等译《中国人的精神》，海南出版社1996年版）在他看来，西方学者编写的讲述中华文化的书籍，水平低下，错谬百出，充满民族偏见，不能使人正确认识中华文化的价值。这促使辜鸿铭萌发了重新翻译中国经典的想法，并着手西译儒学经典。他完整翻译过的儒学经典有三部，即《论语》《中庸》和《大学》。此外，他还片段地翻译过《诗经》《尚书》《孟子》《孝经》《礼记》等经典中的有关部分。辜鸿铭英译的《论语》出版于光绪二十四年，英译本《中庸》在光绪三十二年出版。《大学》的英译虽完毕，但他认为不够完美，未予出版。辜鸿铭学贯中西，不仅精通西语、西学，而且对于中国传统学术文化造诣深厚，非一般传教士所可比拟。因此，他英译的儒学经典比起理雅各的译本要更为准确、精湛。他还考虑到西方读者的文化背景，在经文注释中尽量引用歌德、莎士比亚、爱默生等西方著名学者的话语，使西方读者很容易地产生亲近感，有利于西人了解中华文化。

从王韬协助西人翻译中国经典，到陈季同、辜鸿铭直接用西文专著翻译，显示出在晚清中西文化交流中，中国知识分子不仅强化了外播祖国文化的意识，而且积极参与到这项具有重要意义的事业中来，并取得初步成就。他们所做的这种努力，打破了东学西传长期仅靠外国人的一个渠道，开辟了中国人自己向域外介绍祖国文化的崭新道路，在近代中西文化交流史上占有一定的位置。

作者简介

史革新，男，1949 年出生，山西阳泉人。北京师范大学历史系教授、博士生导师。

《清史稿》仅成一稿的教训

赵晨岭

我国历代对官方修史十分重视，将记载历史作为政府职责，并建立专门机构进行修史活动。从唐贞观年间建立史馆修成八部正史，至清乾隆年间修成《明史》，二十四史中半数以上为政府官修，到民国时期则继承传统纂修清史。

一、北洋政府为何纂修清史

民国三年（1914）春，北洋政府国务院召开会议，建议设立清史馆纂修清史，并呈请大总统袁世凯批准。其呈文首先回顾了中国悠久的修史传统，"春秋而降，凡新陈之递嬗（shàn，更替），每记录而成编"，"盖时有盛衰，制多兴革，不有鸿篇巨制，将悉以窥前代之盛，备后世考镜之资"。呈文提出纂修清史是民国政府的职责，并且时机已经成熟："尤宜广召耆儒，宏开史馆，萃一代人文之美，为千秋信史之征。……以与往代二十四史，同昭垂鉴于无穷。"这是北洋政府修清史的第一份指导性文件，这一思想贯穿《清史稿》纂修的始终。

3月9日，袁世凯颁布设置清史馆令，重申了修史"识兴革之所由，资法鉴于来叶"的意义，回顾了"大清开国以来""历史之光荣"，要求："踵二十四史沿袭之旧例，成三百余年传信之专书，用以昭示来兹，导扬盛美。"

二、《清史稿》由何人纂修

袁世凯虽然是民国总统，却不是一个革命者，作为曾经的清廷大员，又是清帝逊位的受益者，他对清朝历史的全面肯定也就不足为奇了。为了延揽旧人，他致函聘请武昌起义后避居青岛的前清东三省总督、正蓝旗汉军赵尔巽（xùn）担任馆长。9月1日，清史馆正式开馆。

赵尔巽指出："往代修书，即以养士"，他也照此办理，"以絷（zhí，栓，召集之意）逸贤"。史馆初开，他即"近取翰苑名流，远征文章名宿"，先后聘请百余人参加修史工作。

修史者多是前清遗老，抱着"修故国之史，即以恩故国"的念头为之。如后任代馆长的总纂柯劭忞（mín）历官翰林院侍讲、日讲起居注官等，总纂缪（miào）荃孙曾授国史馆一等编修，赵尔巽称其"身为旧史"；还有曾任布政使的王树枏（nán）；任知府的夏孙桐、张尔田；在京师大学堂任教习的马其昶（chǎng）、任提调的金兆丰等人，大多在辛亥革命后退归故里，隐居不仕，闭门著述，然而，他们对"家国存亡之故，未尝一日释怀"。

当然，《清史稿》纂修者也并非全为前清遗臣遗民。如吴廷燮（xiè）虽曾署理知府，但民国以后即担任大总统府秘书、主计局（后改称统计局）局长。金兆蕃时任北洋政府财政部会计司司长。不过他们在修史群体里不是主流，新思想不能完全施展，如吴氏曾建议修志多附图，金氏曾建议增设民俗、宗教诸志，均未被采纳。

三、《清史稿》为何仓促付印

开馆之初，北洋政府拨付的经费非常充裕，初稿撰写较为顺利。1916 年 6 月袁世凯去世后，北洋军阀内部各派系之间争权夺利，修史经费大幅削减。又经过 1917 年张勋复辟，史馆闭馆数月。后来虽然复馆，但政局混乱，经费无着，仅剩少数人勉予维持，修史工作基本停滞。

1927 年 6 月，张作霖就任大元帅，成为北洋政府最后一个统治者。在他的资助下，延宕（dàng，拖延）已久的清史准备用几年时间完成统稿。不久，赵尔巽因时局莫测、自己又病入膏肓，决定提早付印。8 月 2 日，84 岁的他撰《〈清史稿〉发刊缀言》，回顾了 14 年以来纂修清史的种种艰辛，称"今兹史稿之刊，未臻完整，夫何待言……所有疏略纰缪处，敬乞海内诸君子切实纠正，以匡不逮，用为后来修正之根据，盖此稿乃大辂（lù，古代的一种大车）椎轮之先导，并非视为成书也"。

9 月 3 日，赵尔巽病故。张作霖按他的遗愿续聘柯劭忞兼代馆长，并派袁金铠办理刊印。袁金铠又推荐金梁担任校对。刊印之事最终由金梁一手主持、仓促进行。金梁在他的《〈清史稿〉校刻记》中说："稿实未齐，且待修正，只可随修随刻，不复有整理之暇矣。"

1928 年 4 月，在北伐军的攻击下，奉军全线崩溃，局势越发紧张。端午节前，《清史稿》印毕，金梁把其中 400 部运往东北，这一版后来被称为"关外本"。史馆中人随即发现金梁有擅改文稿的地方，柯劭忞等人将剩下的 700 部加以抽换改正，这些后来被称为"关内本"。

四、国民政府为何查禁《清史稿》

1928 年 6 月 8 日，国民革命军占领北京。同月，故宫博物院接收了清史馆，后组建"清史长编筹备会"，准备另行编写一部《清史长编》。

次年 10 月间，原清史馆职员刘赞廷呈文南京国民政府文官处，提出公开发售《清史稿》"供诸民众，以便正确修订"的建议。国务会议对此进行了讨论，决定将《清史稿》及清史馆所存书籍统统运往南京。

12 月 2 日，故宫博物院理事长李煜（yù）瀛致电国民政府主席蒋介石，称清史馆所存书籍多为史料，故宫正在整理编辑，恳请收回成命。4 日，国民党中央委员张继也致电国民政府文官长古应芬表达了同样的意见。6 日，古应芬复电，称蒋介石表示"国务会议决议之案，碍难变更"。

11 日，故宫博物院院长易培基致电古应芬，提出为避免《清史长编》"前功尽弃，可否先将清史稿百部及重复书籍送京"。但国民政府不予采纳，要求仍照原决议办理。

为了挽回局面，16 日，易培基呈报行政院院长谭延闿（kǎi），称"窃查《清史稿》一书……其体例文字之错谬百出，尤属指不胜屈。此书若任其发行，实为民国之奇耻大辱"。列举《清史稿》内容"反革命""蔑视先烈""不奉民国正朔""例书伪谥""称扬诸遗老鼓励复辟""反对汉族""为满清讳""体例不合""体例不一致""人名先后不一致""一人两传""目录与书不合""纪表志传互相不合""有日无月""人名错误""事迹之年月不详载""泥古不化""浅陋""忽略"等，共 19 项罪名。这些罪名的分类归纳及排序有些混乱，可见起草之时因情况紧急未及详审，仅是堆砌罗列了存在的问题。呈文建议将"《清史稿》一书永远封存，禁其发行"，待故宫《清代通鉴长编》（应即为前文所述的《清史长编》）编成，"再行呈请国民政府就其稿本，再开史馆，重修清史"。20日，行政院会议决议："《清史稿》永禁发行，长编准其完成，重复书籍先行运京，具呈报告蒋主席请示。"

1930年初，300余部《清史稿》运抵南京，国民政府将其分发给有关部门、各国立省立图书馆及部分高级官员阅读参考。2月19日，国民政府训令行政院要求：《清史稿》"所有从前已经发行者，应一律严禁出售"。

1934年底，因为编纂《清史长编》的计划已经停顿，行政院呈请国民政府核发《清史稿》，由该院负责纠正。一年后，参议员吴宗慈起草的《检校〈清史稿〉报告》完成。教育部将该报告送往中央研究院历史语言研究所征求意见。该所所长傅斯年指出："重修清史，此自是国家应作之事。然此时国家力量恐不能顾及。且十年来史料之大批发现，史学之长足进步，皆使重修一事，更感困难。非以长久之时期，大量之消费，适当之人选，恐不能济事耳。"这却道破了当时条件下政府无力修史的困境。

之后全面抗战爆发，修清史之事不了了之。抗战胜利后又爆发了国内战争，国民党政权风雨飘摇，虽有几次动议却又屡次搁置，直到败退台湾之前始终未能重修清史。

回顾清史馆建立、《清史稿》刊印直到禁售的历史可以看到，国家相对稳定的政治局面、一定规模的国力投入和史才优长的学者参与是官方修史获得成功的必要条件。官修史书本质上表述的是当时主流价值观对历史的认识。正如梁启超在《中国历史研究法》中所描述的那样，"十年来之民国，袁世凯及其游魂为主动"，就北洋政府主导下的《清史稿》而言，其观点必然无法为国民政府所接受。于是，14 年修史仅成一稿，《清史稿》无法摆脱被查禁的命运。

作者简介

赵晨岭，1978 年生。国家清史纂修领导小组办公室工作人员、中国人民大学历史学院史学理论及史学史专业博士生。

清代治边"因俗而治"的政策

赵云田

"因俗而治",是我国历代奉行以传统的儒家思想为指导治理边疆少数民族地区政策的概括和总结。清代为巩固对边疆少数民族地区的治理,发展和完善了这一政策。

一、"因俗而治"政策的思想渊源及历史演变

"因俗而治"来源于儒家思想。唐代孔颖达在其所著《礼记正义》中就提出"修其教不易其俗,齐其政不易其宜"的主张,意为:整治周边民族地区的政教而不改变他们的习俗,整治政令而不改变他们的风俗。后人将此语简化为"因俗而治"。

最初,"因俗而治"只是周朝统治者对周边民族实行的政策。以后历朝历代,无论是汉族建立的政权,还是少数民族建立的政权,几乎都实行这一政策,设立有关机构和官员,管理边疆少数民族事务。

从汉族建立的政权看。秦朝时,在中央机构中设"典属国",在地方机构中设"道",管理归附的边疆少数民族。汉朝以中央机构中的"大鸿胪"和"客曹尚书",地方机构中的"属国""都护府"等,管理边疆少数民族。唐朝以中央机构尚书省中的

"礼部"、地方机构"都护府"所辖的羁縻府州管理周边少数民族。宋朝管理边疆少数民族的机构是"礼部""兵部"和"鸿胪寺",地方上则有"土官"。明朝统治者明确提出统治边疆少数民族地区的政策是"因其俗"(《明史》卷七十六《职官志五》),在中央机构中设立"礼部""鸿胪寺",在西南边疆则广设"土官",即以少数民族的首领为官来管理本民族事务。

从少数民族建立的政权看。南北朝时期的北魏,对北方其他少数民族的政策也是"修其教不改其俗,齐其政不易其宜"(《魏书》卷一百一十,《食货志》),并设立了"祠部"和"大鸿胪卿"等相应的管理机构和官员。辽朝实行"因俗而治"的统治政策(《辽史》卷四十五《百官志一》),采用"蕃汉并列"的双轨官制,"以国制治契丹,以汉制待汉人"(同上)。西夏实行"蕃汉并行"的官制。元朝为了保持边疆地区的稳定,实行"因其俗而柔其人"的政策(《元史》卷二百二《释老传》),在中央机构中设立"帝师"和"宣政院",在地方机构中设立"土官",加强对吐蕃(今西藏地区)等边疆地区少数民族的治理。元朝"宣政院"和宋、元、明三朝"土官"的设立,在职能专一化方面有所改变,因而具有重要意义。

二、清代对"因俗而治"政策的发展和完善

清代的"因俗而治"政策,在继承以往各朝各代政策的基础上又有所发展,更加完善。雍正帝称这种政策是"从俗从宜","各安其习"(《清世宗实录》卷八十)。乾隆帝则解释为"从俗从宜","不易其俗"(《清高宗实录》卷五百五十五)。清朝有关典章制度的书中则说成是"因俗设官","因其俗以治之"(《清朝通典》卷二十二)。李兆洛在《皇朝藩部要略》序中,除引用

"修其教不易其俗，齐其政不易其宜"这句话以外，还对清代的"因俗而治"政策做了比较形象的比喻，就是"容之如天地，养之如父母，照之如日月，威之如雷霆；饥则哺之，寒则衣之，来则怀之，患则救之；量才而授任，疏之以爵土；分赏斗罚，天子无私"。总的意思是以怀德为主，再示之以威。他认为，这些都做到了，边疆少数民族就会"旷然更始而不惊，靡然向风而自化"，也就是处变不惊，自然归化，达到社会秩序的稳定。

清代"因俗而治"政策的发展完善表现在以下几方面：

一是设立主管边疆地区少数民族事务的中央机构理藩院。清朝在关外时期，于崇德元年（1636）设立了蒙古衙门，崇德三年更名理藩院，管理内蒙古诸部事务。清朝入关后，随着藩部地区的形成，理藩院的职掌也扩大到整个蒙古、青海、新疆、西藏广大地区，还包括四川土司及东北的一些少数民族。这里需要强调的是，理藩院是清代"特设"的主管边疆少数民族事务的中央机构，和以往历朝历代所设的多职能的机构不同。专管边疆少数民族事务中央机构理藩院的设立，反映了清政府对边疆少数民族地区的极端重视。

二是根据不同少数民族地区的社会情况，实行不同的管理制度。在东北边疆，设奉天将军、吉林将军、黑龙江将军镇守。在三将军之下，实行旗民分治，设副都统专管八旗旗人，设府州县机构管理汉民事务。此外，对住在极远地区没石编旗的少数民族，则设乡长、姓长、族长管理。在蒙古族居住的北疆，实行盟旗制度。盟旗制度的渊源是蒙古族原有的鄂托克、爱马克社会组织，"楚固拉干"的集会，以及满族的八旗制度。"旗"既是基层政权组织，又是军事组织和社会组织。每旗由理藩院委派的蒙古王公任"札萨克"（旗长），管理本旗事务。一旗或数旗合为一盟，盟长由理藩院委派的蒙古王公担任。盟和旗既受理藩院管辖，也受当地驻守将军的督导。在多民族居住的新疆，汉族居住地区实行郡县制度，蒙古族居住地区实行盟旗制度，维吾尔族居住地区实行伯克制度。伯克制度原是天山以南维吾尔族居住地区实行的社会制度，在这种制度下，大小封建领主就是等级不同的伯克，管理各方面事务，并可以世袭。清中央政府为了熟悉地方情况，了解维吾尔族的民情，便仍照旧制，在维吾尔族居住地区实行伯克制度，但废除了世袭。在西藏，实行政教合一制度。雍正年间，清政府就设立了驻藏大臣，管理西藏事务。此外，清政府还规定，达赖喇嘛既是藏传佛教的领袖，又和驻藏大臣一起管理西藏地方行政。西藏地方政府设噶伦4人，由3名俗官和1名僧官担任，由清朝中央政府决定人选。西藏地方的重大事情，噶伦必须请示驻藏大臣和达赖喇嘛酌定。政教合一制度没有触动西藏封建农奴主的利益，但一定程度上保证了西藏地方社会秩序的稳定。在西南边疆，清朝沿袭了宋元明时期的土司制度，以少数民族首领为官管理本民族。只是到了雍正年间，为了维护国家统一，才对那些拥兵割据、横行不法的土司、土官实行"改土归流"，也就是以中央委派的流官代替土官，土司制度才有所变化。

三是根据边疆少数民族地区的不同情况制定有不同的地方性法律。清代制定的《大清律》，作为全国性的法规，社会各阶层都要遵守。但是，在边疆少数民族地区，考虑到民族风俗的不同和习惯的差异，清政府另外制定有适合当地少数民族情况的法律，以加强法制。诸如：在蒙古族居住地区，制定有《蒙古律例》，对于那些危害社会和国家的行为，除了斩、绞、流放等刑罚外，最多的处罚形式是"罚牲"，即罚马、牛、羊、驼四项牲畜，多少不等，而这显然和蒙古族的游牧社会有关。在维吾尔族居住地区，制定有《回疆则例》，在处罚的形式方面，偏重于监禁和劳役，这和维吾尔族的农耕生活密切相关。在青海境内生活的藏族，制定有《西宁青海番夷成例》，这是从《蒙古律例》中摘选藏民易犯的条款汇集而成，对"派兵不去""偷盗牲畜"等行为，或罚以牲畜，或折成鞭刑，使其更适合青海境内生活的藏族。在西藏广大地区，则制定有《西藏通制》和《喇嘛律例》，除对驻藏大臣和各级藏官的职掌、各级喇嘛的进贡有所规定外，还强调"藏民争讼分别罚赎不得私议抄没"，"喇嘛不能容留盗贼"等，这些显然都是结合西藏具体情况而定的。此外，对生活在西南边疆地区的苗、瑶、壮等少数民族，也都制定有相应的法律。

四是尊崇原民族地区的宗教信仰。对于在蒙藏地区广为流行的藏传佛教，清政府采取尊崇的态度，对其领袖人物给予封号，并广建寺庙，优待僧众。对于在维吾尔族和回族中流传的伊斯兰教，也采取相应的政策，一般情况下不加以干涉。

清代的"因俗而治"政策增强了清代各民族之间的联系，稳定了边疆少数民族地区的社会秩序，促进了清朝统一多民族国家的巩固和发展。但它终究是封建统治阶级实行的政策，因而具有鲜明的民族压迫和阶级压迫的实质，其历史局限性是显而易见的。

作者简介

赵云田，1943 年生于北京。中国社科院近代史所研究员。1993 年开始享受国务院颁发的政府特殊津贴。著有《清代蒙古政教制度》《中国边疆民族管理机构沿革史》《清朝治理边陲的枢纽——理藩院》《乾隆出巡记》《清末新政研究——20 世纪初的中国边疆》等。主编有《中国社会通史·清前期卷》《中国文化通史·清前期卷》《北疆通史》等；参加《西藏通史》编写；为"清史·史表"《藩部封爵世表》《四大活佛世表》项目组负责人。发表论文 200 余篇。

清朝的驻藏大臣

赵云田

雍正五年（1727），清政府派内阁学士僧格、副都统马喇前往西藏办事，从此正式设立驻藏大臣。这是西藏地方和清朝中央政府关系日益密切的产物，也是清政府在西藏施政进一步完善的结果。乾隆年间，驻藏大臣制度日益完备。到晚清时期，驻藏大臣的人事权又有所变化。

一、清初对西藏的施政

崇德七年（1642），我国厄鲁特蒙古和硕特部首领顾实汗率军进藏，消灭了原西藏地方的统治者藏巴汗，成为西藏地区的最高统治者。清朝入关后，顺治二年（1645），顾实汗派佐理藏事的第六子多尔济达赖巴图尔到达北京，向顺治帝上书，表示了对清朝中央政府"无不奉命"的态度。此后直到顺治十年，顾实汗几乎每年都派使者到北京向顺治帝问安奉贡，西藏地方和清朝中央政府间关系密切。为了崇尚藏传佛教以安蒙藏地区，顺治帝也多次派使者前往西藏延请达赖喇嘛。顺治九年，五世达赖喇嘛到达北京，顺治帝给予隆重礼遇。达赖喇嘛返藏时，清政府赍送金册金印，封五世达赖喇嘛为"西天大善自在佛所领天下释教普通瓦赤喇怛喇达赖喇嘛"。与此同时，清政府派大臣携带金册金印入藏，册封顾实汗为"遵行文义敏慧顾实汗"。顺治十一年，顾实汗在拉萨病逝，其子达延汗从青海到拉萨嗣汗位。这就是清初中央政府在西藏实行的政教分离制度，以达赖喇嘛管理藏传佛教事务，以顾实汗家族管理行政事务，通过他们间接统治西藏地区。

二、西藏局势不稳和驻藏大臣的设立

康熙二十一年（1682），五世达赖喇嘛圆寂，他生前委任的第巴（清西藏政务管理者）桑结嘉措为了维护自身的权益，在五世达赖喇嘛故去后长达 15 年秘不发丧，并私立仓央嘉措为六世达赖喇嘛，千方百计削弱和硕特蒙古在西藏的势力。康熙四十二年，拉藏汗成为西藏地方的最高统治者以后，袭杀桑结嘉措，废黜仓央嘉措，另立意希嘉措为六世达赖喇嘛。但是黄教上层僧侣和青海蒙古首领察罕丹津等人不承认意希嘉措是六世达赖喇嘛，他们以格桑嘉措为六世达赖喇嘛，公开向拉藏汗争权。西藏局势处于动荡之中。在这种形势下，康熙帝派理藩院侍郎赫寿前往西藏，协同拉藏汗办理事务。这是清政府首次派官员入藏办事，也是清政府设立驻藏大臣的先声。

康熙五十六年，厄鲁特蒙古准噶尔部首领策妄阿拉布坦派遣大策零敦多布率兵 6000 袭扰西藏，拉藏汗被杀，所立意希嘉措也被废除。和硕特蒙古顾实汗及其子孙在西藏的执政至此结束。准噶尔军烧杀劫掠，给西藏社会带来严重灾难，引起西藏僧俗人民的反抗。清政府为稳定西藏局势，在康熙五十七年、五十九年先后两次派兵进藏，终于驱逐准军，收复拉萨。格桑嘉措也被清政府册封为"宏法觉众第六辈达赖喇嘛"。这以后，清政府开始任用在驱逐准军过程中立功的原拉藏汗旧部康济鼐、阿尔布巴、隆布鼐为噶伦（藏语音译，清西藏地方政府主要官员，由四人组成），共同主管政务，通过他们贯彻执行清政府对西藏的施政措施，并封康济鼐、阿尔布巴为贝子，隆布鼐为辅国公，留3000名满汉官兵驻守拉萨。废除独揽大权的第巴职位，任用藏族领袖人物管理西藏，这是康熙年间清政府在西藏施政的重大变化。

雍正元年（1723）初，清政府为了减少军费开支，决定撤回驻藏官兵，提升理藩院郎中鄂赖为内阁学士兼礼部侍郎，前往西藏办事。同时，增加颇罗鼐、扎尔奈为西藏噶伦。五月，青海罗卜藏丹津发动叛乱。为防止其逃往西藏，清政府派都统鄂齐、学士班第、提督周英等率兵2000入藏。雍正三年，清政府决定康济鼐总领西藏事务。但是，以阿尔布巴为首的前藏贵族势力反对以康济鼐、颇罗鼐为代表的后藏势力，众噶伦之间矛盾激化，致使西藏局势又处于动荡之中。对此，雍正帝也有所察觉。鉴于西藏局势长期动荡不定，噶伦之间互不协调，清政府决定设立驻藏大臣。雍正五年正月，雍正帝谕示，把内阁学士僧格、副都统马喇差往达赖喇嘛处。这是清政府设立驻藏大臣的开端，表明清政府加强了对西藏地方的直接施政，标志着清朝统治西藏进入了一个新阶段。

当僧格、马喇还在赴藏途中，阿尔布巴一伙制造变乱，杀害了康济鼐，还准备击杀颇罗鼐。清政府闻报后，派都察院左都御史查郎阿和护军都统迈录、西宁镇总兵周开杰率兵入藏。后来，颇罗鼐击败并俘获了阿尔布巴。查郎阿等到西藏后，会同僧格、马喇彻底平息了阿尔布巴之乱。清政府先后封颇罗鼐为贝子、贝勒、郡王，在驻藏大臣的督导下总理全藏事务。

三、驻藏大臣制度日益完备

　　清政府虽然设立了驻藏大臣，但是，直到乾隆朝中后期，对西藏的施政在很大程度上仍是通过西藏地方僧俗贵族进行，驻藏大臣只是起着督导作用；而且，驻藏大臣也一度从2人减为1人。乾隆十二年（1747），颇罗鼐病故，其子珠尔墨特那木扎勒袭封郡王后，与达赖喇嘛关系恶化，并妄图发动叛乱。清政府对此有所察觉，乾隆十四年，驻藏大臣恢复为2人。珠尔墨特那木扎勒叛迹日炽，乾隆十五年十月十三日，驻藏大臣傅清、拉布敦计斩珠尔墨特那木扎勒，他们二人随后也被叛乱者杀害。叛乱平息后，清政府于次年对西藏行政体制进行了改革，颁布《酌定西藏善后章程》十三条，规定：在达赖喇嘛和驻藏大臣领导下，由噶厦（藏语音译，由噶伦四人组成的西藏地方政府）管理西藏政务；军政、司法、差徭等各方事件，都要遵照达赖喇嘛和驻藏大臣指示办理；对西藏地方重要官员的任用，也要由达赖喇嘛和驻藏大臣请旨办理。达赖喇嘛的地位和职权得到提高和巩固，并与驻藏大臣一起处理政务。乾隆四十五年，驻藏大臣开始有办事大臣和帮办大臣之分。

　　乾隆五十三年和五十六年，廓尔喀（今尼泊尔）对后藏发动了两次大规模入侵，扎什伦布寺遭到严重破坏。廓尔喀入侵西藏暴露了驻藏大臣存在的问题，即对西藏诸事听任达赖喇嘛及噶伦等率意轻行，事多不闻，致使驻藏大臣一职竟成虚设，西藏地方官员乘机贪污渎职，内部纷争不息，以致各项制度废弛，弊病丛生。乾隆帝对此十分明晰，决心在驱逐廓尔喀侵略势力后，利用各方面有利条件，整顿和改革西藏地方各项制度。乾隆五十八年，清政府颁布了著名的《钦定西藏章程》二十九条，其中对驻藏大臣的地位和职权作了明确规定：驻藏大臣督办藏内事务，与达赖喇嘛、班禅额尔德尼平等，所有噶伦以下官员及办事人员以至活佛，都得服从驻藏大臣；负责达赖喇嘛、班禅额尔德尼以及各地黄教胡图克图灵童转世的金瓶掣签；督管西藏边界贸易以及各种外事活动；管理财政；管理西藏地区军事防御；负责西藏地方司法。《钦定西藏章程》的颁布，完备了清朝的驻藏大臣制度，也使驻藏大臣的职掌得到了更充分的体现。

四、晚清驻藏大臣职权的削弱与重振

晚清时期，国势衰弱，朝政腐败，帝国主义势力入侵西藏，加之有的驻藏大臣昏庸，导致驻藏大臣职权日益削弱。道光二十四年（1844），清政府决定商上（清西藏地方财政机构）及扎什伦布寺一切出纳，仍听该喇嘛自行经理，驻藏大臣毋庸经管，驻藏大臣失去了对达赖喇嘛和班禅额尔德尼两处商上收支的审核权。道光二十五年，清政府决定驻藏大臣停止对哈喇乌苏地区卡伦的巡查，驻藏大臣又失去了对西藏地区边界的巡查权。清政府同时还责成噶伦等校阅营伍、操练藏兵，使驻藏大臣失去了管理西藏地区军事的权力。宣统三年（1910），清政府根据驻藏大臣联豫奏请，裁驻藏帮办大臣，设左右参赞各 1 人，秉承驻藏办事大臣指示筹划全藏一切要政，监督三埠商务。正当清廷欲重振驻藏大臣职权之际，不久，清王朝被辛亥革命推翻，驻藏大臣建置亦告结束。

清朝共有 114 人任驻藏办事大臣和帮办大臣，其中虽然良莠不齐，但驻藏大臣在维护国家主权和领土完整、抵御外来侵略势力、稳定西藏社会秩序和发展经济中的作用是应当充分肯定的。

清代的金瓶掣签制度

赵云田

用金瓶掣（chè，抽）签的方式来认定藏传佛教最高等的大活佛转世灵童，是乾隆五十七年（1792）正式设立的制度。乾隆五十八年，清政府颁发两个金瓶，一个用于达赖、班禅等藏区大活佛转世灵童的认定，置于拉萨大昭寺（后移布达拉宫）；一个用于确认蒙古各部大活佛转世灵童，置于北京雍和宫。凡在理藩院注册的藏传佛教蒙、藏大活佛，均须将寻得的若干"灵童"的名字用满、汉、藏三体文字缮写于象牙签上，置金瓶中，由理藩院尚书在雍和宫或由驻藏大臣在大昭寺主持抽签确定，以后遂成定制。

一、活佛转世的由来

汉语中"活佛"一词，源于梵文，意思是"化身"，是指已经修行成佛的人，圆寂后能再度以人的肉体显身，转为世上人，继续进行普度众生的善缘。"活佛转世"则是指活佛的肉体圆寂后，能以化身的方式转身为另一个肉体的人。"活佛转世"和古代藏族人的灵魂不灭观念及佛教的化身理论有密切关系。这种灵魂不灭观念和化身理论相结合，既成了活佛转世的根据，也使活佛转世成为可能。

活佛转世是教权传承的一种方式。公元 10 世纪以后，西藏社会逐渐过渡到封建农奴制社会。在新兴的封建农奴主的支持下，佛教不仅有了新的发展，而且不同的寺院教派也开始与世俗封建贵族相结合，势力日益扩大，逐渐形成独立的寺院经济，由此也就产生了不同教派之间在政治上和经济上的激烈竞争，以至强凌弱，大吞小。如何在这种激烈的竞争中存在下去并且得到发展，教派首领的影响力和地位就成了关键性的问题。但是，一旦教派首领圆寂，新的教派首领选不出来，或者选的不理想，这个教派的政治、经济利益必然会受到影响，甚至于整个教派都有可能被别的教派吞并。当时，教派的传承主要有三种方式：一是父子或家族传承，二是师徒传承，三是活佛转世传承。藏传佛教中的格鲁派也就是黄教派，其创始人宗喀巴（1357—1419）明确规定禁止僧人娶妻生子，于是便采取了活佛转世的传承方式，以维护本教派的特权和寺院的经济地位，并希图获得更大的发展。

格鲁派以活佛转世传承，有一个发展变化的过程。最初，宗喀巴的最小弟子根敦朱巴（1391—1474）在日喀则附近修建了扎什伦布寺，并成为该寺的寺主。当时，格鲁派中就有人主张用活佛转世的方式来保持根敦朱巴获得的权力，于是，在根敦朱巴示寂 4 年后，根敦嘉措（1475—1542）被当作根敦朱巴的转世灵童，并在他 11 岁时被送到扎什伦布寺学经。但是，扎什伦布寺的住持和一些僧人不承认根敦嘉措是根敦朱巴的转世灵童，对他进行排挤。于是，根敦嘉措不得不转到前藏哲蚌寺学经。上述情况表明，格鲁派当时还处于活佛转世的萌芽阶段。由于根敦嘉措积极活动，到处建立寺院，扩大格鲁派影响，他逐渐成为格鲁派最有声望的首领。

明嘉靖二十一年（1542），根敦嘉措去世，哲蚌寺正式开始寻访他的转世灵童。嘉靖二十五年，堆隆地方的一个贵族子弟被认定为根敦嘉措的转世灵童，他就是三世达赖喇嘛索南嘉措（1543—1588），也就是《明神宗实录》中首次记载的"师僧活佛"。应当说，这才是格鲁派采用活佛转世制度的正式开始。后来，根敦朱巴和根敦嘉措分别被追认为一世达赖喇嘛和二世达赖喇嘛。

二、活佛转世过程中的弊端和金瓶掣签制度的制定

活佛转世首先要寻访转世灵童，这有一套复杂的程序和过程。寻访转世灵童一般是根据前世活佛的圆寂年月时辰，推算下一世转世灵童的年岁生辰，时间上相差一年左右，可挑选的灵童有3—4人。在灵童长到4—5岁的时候，需要吹忠（藏语，佛教护法神的汉语音译。西藏有四大寺可以产生护法神，即拉穆寺、乃均寺、噶东寺、桑耶寺）降神，即以神灵附体形式表达佛的旨意，来决定其中的一人是真正的转世灵童。由于藏传佛教格鲁派的活佛在蒙藏地区有很高的社会地位，在政治、经济方面享有许多特权，影响举足轻重，因此，一些世俗贵族为了以宗教权巩固自己的统治，往往操纵活佛转世，而一些大活佛又想通过世俗贵族巩固自己的宗教权，就和世俗贵族结成联盟。这些世俗贵族和大活佛向吹忠行贿，吹忠即或偏庇亲戚妄指，或接受大活佛的暗中授意而有目标指认，以致造成转世活佛不是出自族属姻娅，就是出自王公之家。

比如，六世班禅罗桑丹贝益喜（1738—1780）出生于后藏扎西则地方，他的一个兄弟却智嘉措是噶玛噶举派红帽系的第十世活佛，另一个兄弟罗桑金巴是扎什伦布寺的仲巴胡图克图，他的侄女多杰帕姆是香巴噶举派桑定寺的女活佛。一个家庭中竟然出

了四个活佛！八世达赖喇嘛强白嘉措（1758—1804）的转世灵童是六世班禅的亲戚，七世班禅丹白尼玛（1782—1853）是八世达赖喇嘛的叔伯亲属，三世章嘉若必多吉（1716—1786）和青海塔尔寺的三世拉科活佛阿旺丹增嘉措是亲兄弟。再如，哲布尊丹巴一世圆寂后，外蒙古土谢图汗派人到北京和西藏活动，企图使哲布尊丹巴一世转世到土谢图汗家。而车臣汗则认为，哲布尊丹巴一世就出生于土谢图汗家，其转世应在车臣汗家。双方争执不下，最后由雍正皇帝决定仍转世到土谢图汗家，这场纷争才告结束。二世哲布尊丹巴圆寂后，外蒙古王公贵族对哲布尊丹巴的转世又发生争执，甚至相互倾轧，以致乾隆皇帝决定哲布尊丹巴转世西藏。三世哲布尊丹巴圆寂后，土谢图汗妻怀孕，土谢图汗又企图将哲布尊丹巴转世到自己家，结果其妻生了一个女孩。

乾隆帝对活佛转世过程中出现的种种弊端看得非常清楚，他曾说，拉穆吹忠往往受人嘱托，假托神言任意妄指，西藏中人等因其事涉神异，多为所愚。乾隆五十七年，清政府取得驱逐廓尔喀入侵战争的胜利后，下令以后活佛转世，禁止吹忠降神，专用金瓶掣签指定。乾隆帝认为，掣签决定，虽不能尽去其弊，但比起从前任由一人授意，还是较为公允。乾隆五十八年，清政府颁布《钦定藏内善后章程》，再次强调了金瓶掣签制度，并赋予其法律效力，以求"万世遵循"。到嘉庆年间，又在《理藩院则例》中明确规定：活佛的转世灵童可以在平民中指认，不能在达赖喇嘛、班禅额尔德尼的亲属以及蒙古王公中指认；蒙藏地区所有大活佛圆寂后，都要经过金瓶掣签指认转世灵童。

三、金瓶掣签制度的实施及其意义

金瓶掣签制度颁布后，在蒙藏地区普遍实施。据理藩院档案统计，到光绪三十年（1904），仅西藏地区就有 39 位主要活佛的转世灵童进行了金瓶掣签。十世至十二世达赖喇嘛，八世、九世班禅额尔德尼，五世至八世哲布尊丹巴胡图克图，五世、六世章嘉活佛，都是经过金瓶掣签选定的。只有九世、十三世达赖喇嘛是经过清朝中央政府批准免予掣签的。

金瓶掣签制度的制定和实施，无论是对蒙藏地区，还是对藏传佛教的发展，都产生了重大影响。从政治上说，它把包括达赖喇嘛、班禅额尔德尼等大活佛在内的转世决定权由拉穆吹忠转移到清朝中央政府，树立了清中央政府在这一问题上的权威地位；杜绝了原来活佛转世过程中的种种弊端，避免了世俗贵族和教派之间的矛盾和纷争，有利于蒙藏地区社会的稳定。从宗教上说，金瓶掣签制度的制定和实施，完全符合藏传佛教的仪轨，使活佛转世制度更加完善，更好地解决了宗教领袖的传承问题。

清朝平定阿睦尔撒纳叛乱

吕文利

在今新疆境内，历史上有很多民族在此聚居，清朝时的准噶尔部就是其中之一。17 世纪，准噶尔贵族逐步统一卫拉特各部，雄踞天山南北，建立了自己的势力。这一势力与清代的康、雍、乾三朝相持长达近百年，其中发生了很多波谲云诡的事件，阿睦尔撒纳的叛乱就是其中之一。

乾隆十年（1745），准噶尔首领噶尔丹策零病逝，准噶尔统治集团内部为争夺汗权而内讧，展开了激烈的斗争。经过一系列的阴谋与阳谋、反叛与投降的活动，准噶尔名将大策零敦多布之孙达瓦齐取得了准噶尔的最高权力，其最重要的同盟者，就是辉特部台吉阿睦尔撒纳。

阿睦尔撒纳（1722—1757），为策妄阿拉布坦之女博托洛克之子。起初，博托洛克嫁拉藏汗之子噶尔丹丹衷，丹衷死后，博托洛克带着身孕改嫁辉特台吉卫征诺颜，此遗腹子就是阿睦尔撒纳。阿睦尔撒纳在准噶尔汗位之争中，支持达瓦齐，打败了其他对手。他与达瓦齐的结盟，只是为了壮大自己的势力。对此，乾隆帝看得很清楚："准噶尔台吉乃绰罗斯世传，伊（指阿睦尔撒纳）系辉特，势不能遽行窃踞，遂以达瓦齐为奇货，诱助攻杀，伊得从中取事"，并伺机取而代之。阿睦尔撒纳不断积聚自己的力量，当他羽翼渐丰，势力范围也不断扩大的时候，乾隆十八年十月，便派人至达瓦齐处，要求管理伊犁以北直至阿尔泰山的广大地区，而让达瓦齐只管辖博罗塔拉以南地区，此举遭到达瓦齐的拒绝。他们的联盟至此宣告破裂，开始互相征伐。

十一月，达瓦齐遣兵征伐阿睦尔撒纳，三战皆败。次年六月，达瓦齐重整军旅，命沙克都尔曼济率军3万，掠阿睦尔撒纳牧区，又命塔尔巴什率兵3000夹击，阿睦尔撒纳惨败。七月初，阿睦尔撒纳、纳默库、班珠尔共率4000户，2万余口，向清朝投诚。乾隆帝此时正拟出兵伊犁，平定达瓦齐，对阿睦尔撒纳率众归附十分重视，即命侍郎玉保、副都统唐喀禄等带领喀尔喀王公前往赈济，发放牛羊、口粮，使其部众暂时游牧于乌里雅苏台附近的扎布汗河一带，并晋封阿睦尔撒纳为亲王，纳默库、班珠尔为郡王，给予优厚待遇。阿睦尔撒纳在热河避暑山庄觐见乾隆帝时，力陈卫拉特内乱情形，恳求清廷立即出兵讨伐达瓦齐。乾隆二十年二月，清廷决定分两路向伊犁进发，命班第为定北将军，阿睦尔撒纳为定边左副将军，负责北路进军；永常为定西将军，萨喇尔为定边右副将军，负责西路进军。五月中下旬，清军占领伊犁。达瓦齐节节败退，在向喀什噶尔逃跑的过程中，被乌什城伯克霍吉斯所擒，押解到清军大营，并送往北京，后被乾隆帝特赦，病死于北京。

清廷消灭达瓦齐势力后，决定"将卫拉特分封四汗，赏功策勋，用奖劳绩"。封车凌为杜尔伯特汗，阿睦尔撒纳为辉特汗，班珠尔为和硕特汗，噶勒藏多尔济为绰罗斯汗，并晋封阿睦尔撒纳为双亲王，食亲王双俸。但阿睦尔撒纳并不满足。他归附清朝，本就是一个策略，现在借清廷之手已把自己最大的对手达瓦齐势力消灭，统治四卫拉特成为他下一个目标。

阿睦尔撒纳在率领清军进兵伊犁前，就通过班珠尔、纳噶察等亲信制造他要当四部总汗的舆论。达瓦齐被擒后，他便以总汗自居。他虽贵为清朝的亲王、定边左副将军，但不用清纛（dào，古代军队中的大旗），不穿官服，不戴清廷所授黄带孔雀翎，不用清朝所颁官印，并启用噶尔丹策零时珲台吉菊形篆印行文各部，并"用钤记行文，调兵九千"至布鲁特、哈萨克边境，拥兵自重。

对阿睦尔撒纳的这些行为，清廷早有察觉，便指示定北将军班第力促阿睦尔撒纳早日入觐，欲在其到达内地后将其剪除。诡计多端的阿睦尔撒纳亦察觉到事情有变。他于八月初十日从伊犁起程入觐，一路迟延不进，窥测局势。行至乌隆古河时，阿睦尔撒纳便公开反叛，并急驰至伊犁。八月二十九日，阿睦尔撒纳军包围了班第的镇守军，清军只有 500 人，班第、鄂容安兵败自杀，萨喇尔被俘。

面对突变的形势，乾隆帝及时采取了一些措施。乾隆二十年九月，重封卫拉特四部汗王，噶勒藏多尔济为绰罗斯汗，车凌为杜尔伯特汗，沙克都尔曼济为和硕特汗，巴雅尔为辉特汗，台吉3 人封公，4 人授扎萨克一等台吉，7 人授扎萨克，宰桑 2 人授内大臣，5 人为散秩大臣。这一措施旨在稳定卫拉特贵族之心，解除后顾之忧。随即令策楞为定西将军、达尔党阿为定边左副将军、扎拉丰阿为定边右副将军，组织第二次远征伊犁。

乾隆二十一年二月，西路军由策楞、玉保统率，北路军由哈达哈等统率，向伊犁进发。

阿睦尔撒纳反叛后，并没有出现如他所预期的纷起响应反清的局面。许多首领反叛不久就倒戈相向，与阿睦尔撒纳为敌。准噶尔部再次陷入混战之中。阿睦尔撒纳面对清廷大军压境，无法组织有效抵抗。为缓兵计，他曾两次伪装投诚，并取得清军信任，停止对他的追剿，赢得了时间。这一诡计却使清军在近一年的追剿中无所进展。乾隆二十二年二月，清廷调整统帅，决心全歼阿睦尔撒纳。命成衮扎布为定边将军，兆惠为定边右副将军，车布登扎布为定边左副将军，调集满洲、索伦、蒙古、察哈尔、吉林等地兵马，兵分两路，再次征伐准噶尔。

此时，准噶尔内叛乱的诸台吉、宰桑等，内讧不已，加之部落内瘟疫流行，人畜大量死亡。六月，清军几乎兵不血刃顺利抵达伊犁。阿睦尔撒纳再次逃入哈萨克阿布赉（lài）汗处。当时，阿布赉慑于清廷的威力，恐招致清军的攻击，就遣使向清廷表示愿将阿睦尔撒纳擒献清廷。此举被阿睦尔撒纳觉察，乘夜带妻子亲随8人，盗马沿额尔齐斯河投奔俄国。沙俄一直在密切关注着准噶尔的形势，并屡屡向阿睦尔撒纳表示欢迎其投诚，故阿睦尔撒纳投奔俄国绝不偶然。乾隆二十二年九月，阿睦尔撒纳染上天花病死，时年35岁，结束了其可悲的一生。

当阿睦尔撒纳逃往沙俄时，乾隆帝即命理藩院行文沙俄外交部进行交涉，要求其按两国商定的彼此不纳逃人的协议，交出阿睦尔撒纳。沙俄则推延不交。直到阿睦尔撒纳死后，沙俄才将其尸交给清朝。

至此，准噶尔部平定。在乾隆二十年平定准部达瓦齐势力后，乾隆帝曾谕内阁："准噶尔诸部尽入版图……其山川道里应详细相度，载入皇舆全图。"在平定阿睦尔撒纳叛乱后，清廷对新疆地区的地图绘制正式开始。何国宗、明安图等人绘制的52幅地图，完整地包括了准噶尔统辖的疆域。

在今天承德避暑山庄东北面的山麓上，有一座美丽的普宁寺。寺中有一块《平定准噶尔后勒铭伊犁之碑》，用满、汉、蒙、藏4种文字，记述了清廷平定准噶尔部的历程。前事不忘，后事之师，历史告诉我们，各民族和谐共处、国家统一，才是社会安宁、国家富强、人民生活富庶的保证。

作者简介

吕文利，1980 年生，内蒙古赤峰人。历史学博士。中国社会科学院中国边疆史地研究中心助理研究员。主要著作有：《历史书写与藩部政治：〈皇朝藩部要略〉研究》等，主持和参与国家与中国社科院级项目若干。

清代治台之策评议（上）

何　瑜

台湾是我国东南海疆的重镇，东临太平洋，西濒台湾海峡与大陆相通，南隔巴士海峡与菲律宾相望，北接东海、黄海，与琉球、日本群岛相连，战略地理位置十分重要。加之其自然条件得天独厚，物产极为丰富，所以自明代以来，台湾屡遭外人觊觎。尤其是鸦片战争以后，几乎每次中外冲突，台湾都首当其冲，先后遭到过英、美、日、法各国兵舰的武装进攻。

清统一台湾后，其海疆治理虽步入了一个新的历史阶段，但其海权意识和海洋观念仍十分薄弱。清代治边，其海疆与陆疆之间最大的区别，在于中国西北地势辽阔，利于发挥八旗骑射之长，清廷既可利用汉人，也可直接治理，排斥汉人于边疆事务之外，如在腹地边疆民族地区特设理藩院。但海疆则不然，一是满蒙八旗不善水战，万里海疆，清廷没有统一的管理机构，沿海防御主要依靠绿营水师，而清统治者又不信任汉人，"每以汉人为难治"；二是西方殖民者盘踞吕宋、马尼拉、印度等地，不断叩关索市，启衅侵扰；三是清廷最怕汉人与洋人相勾结，因此防范戒备之中，闭关自守政策日渐突出。在西方列强迅速崛起的 18 世纪，清政府的治边重点主要在西北陆路边疆，所以东南海疆更是以守为主。

从清统治者的角度来看，台湾孤悬海外，既是汉族集聚之地，又是易生乱萌之区，故其治台基本上采取防范与抑制并举、镇压与安抚相结合的政策措施。这主要表现在以下几个方面：

一、班兵制度。康熙平台以后，首先遣返郑氏官兵回籍安插，并将郑克塽、刘国轩等郑氏首要送京入旗，在"解散而消弭"郑氏武装集团的基础上，康熙二十五年（1686）八月，清廷始行班兵制度，其内容主要是戍台兵丁不用台民，由福建各地绿营中抽拨，选调之人既要求"年力精壮，有身家"，又不许携带妻室，"更迭往戍，期以三年"。同时，将漳、泉两地兵丁与在台漳、泉两籍移民分开，隔离戍守，即漳州籍兵丁分拨到泉州移民区，泉州籍兵丁到漳州移民区戍守。其目的十分明确，主要在于防备戍台兵丁"岁久各立家业，恐意外致生他变"。

清代海防政策的基本方针是以大海为长城，以重要海岛为要塞，岛岸相维，水陆一体，并与沿海属国相呼应，最终达到屏障中原、保卫京师的目的。而台湾居东南沿海之中，战略地位十分重要，故清领台湾后，政治上闽台合制，军事上则是闽台一体联防。其台澎地区的兵力部署，初设绿营陆路总兵一员，水师副将二员，水陆官兵共 10 营，兵力一万有余。其后多有添设，至鸦片战争前，增至水陆 16 营，额兵 14656 名。

二、人事制度。台湾的用人制度有别于内地，主要在于：一是文员不经吏部遴选，而是由福建巡抚"于闽省现任官内拣选调补"。这虽有利于地方调配，选用熟悉风土的贤官能吏，但这种授权督抚且寓牵制于放权之中的做法，又使督抚用人格外慎重，以免牵连受过。二是清廷规定，台湾自道员以下，教职以上各官，三年俸满即升，以后年限虽稍有变化，但任期唯短、无致久任是台湾人事制度中的一大特点。实际去除前后交盘、协办、渡海候缺等时间，独当职任者往往不足一年，结果贤能者难有作为，怀有二心者亦难能成事。三是闽台合制、以汉治汉。台湾建省以前，岛内郡县均由福建管辖，同戍台班兵一样均为闽台合制。台湾文职之首，初为台厦道，分巡台湾、厦门两地。雍正五年（1727）改为台湾道，专辖台澎地区，并兼学政带有兵备衔，但"一应军务机宜并地方事件，仍听内地督抚管制办理"。台湾武职最高为总兵，虽加挂印，但受福州将军、闽浙总督和福建水师节制，遇事不可专擅。同时，台兵、台饷由闽省调拨，人力、财力处处牵制，不能分而为二。四是御史巡台，强化监督。康熙六十年四月，台湾爆发了声势浩大的朱一贵起义。清廷因此认识到，台湾远隔重洋，耳目不周、控制不力的严重性。平定后，清廷在改善吏治的同时，又实行御史巡台制度，即每年自京师"派满汉御史各一员，前往（台湾）巡察，一年更换"，其权力涉及司法、经济、军事、教育等各方面，成为皇权的耳目和智囊。以上诸端，形成周密的人事制度，其效果十分显著。据不完全统计，从康熙统一台湾到甲午战争失败的193年间，发生农民起义和各种民变共有132起，但没有一次是由台湾的官兵率众起事的。

三、民政制度。与防台政策相辅相成，清廷对台湾发展曾采取抑制政策，主要表现在"不宜广辟土地以聚民"的各种消极措施上。如：其一，行政建置消极滞后。清领台湾之初，设一府三县，当时人口约10万（不包括番社人口）。到日本侵台前的同治十三年（1874），190年间台湾人口增加20余倍，但行政建置只增加了一县三厅，其中雍正元年增设的一县二厅（彰化县、淡水厅、澎湖厅）是在朱一贵起义之后，清廷为免北路空虚以防不测，才接受蓝鼎元"添兵设官，经营措置"的建议（淡水厅治直到乾隆二十一年尚留在彰化境内），而时隔87年之后，噶玛兰厅的建置方提到清廷的议事日程上。这种不宜辟地，建置迟缓的决策，对清代前期台湾的经济开发影响甚大。

其二，在禁止硝磺、铁器、油棕、军器等私自入台的同时，清廷还实行若干严渡政策，不许携眷赴台，以限制台湾汉族人口的集聚增殖。为此，乾隆五十二年（1787）台湾林爽文起义失败后，乾隆皇帝曾有一段绝妙的独白，道出了清统治者的虚弱心理，其言曰："现在林爽文等纠众滋事，设其家属俱在内地，贼匪等自必有所牵顾，何至敢于肆逆至此，是台湾民人禁止搬眷居住，未必非杜渐防微一法。"

其三，汉番隔离之策。随着台湾人口的急剧增长和土地的逐渐开发，汉番冲突不断发生。康熙六十一年夏，闽浙总督觉罗满保第一次提出了汉番隔离的边禁措施，后经兰鼎元上书力争，虽未大规模迁徙，但清政府仍于雍正七年宣布封山禁令，"饬沿山各隘立石为界，禁民深入"。乾隆二年，又禁止"汉番通婚"，违者离异治罪。

其四，强化保甲制度。保甲制度是中国封建统治者相沿已久的治民政策，清领台湾后，不仅承袭这一政策，而且进一步发展强化，变单一的陆上保甲为水陆联保，即将保甲、汛防与稽查三者结为一体，"出则注明所往，入则查其所来"，形成东南海疆独特的保甲制度，以维持台湾和东南海疆的封建秩序。

为治理台湾和宁谧海疆，在实行一系列防范和抑制政策的同时，清廷对台湾还有诸多安抚政策。如：在经济上，除重荒政、办仓储，采取某些轻徭薄赋的政策之外，清廷对戍台之兵多有犒赏和补贴。雍正二年为台兵发放眷米之始。七年，再谕每年赏银4万两，以为台兵养赡家口之用。戍台之兵既有兵糈（xǔ，粮食），又有眷米，"所得较之内地（兵丁）倍多"，加之眷属皆在内地，惧于显戮而不敢有异心，故百余年中，台湾"有叛民而无叛兵"。

在政治上，清廷为鼓励任台官吏忠于朝廷，实心任事，在实施防范政策的同时，亦多方安抚。如在吏治方面，崇其体制，奖励升迁。与大陆省份同等级别的官员相比，台湾主要文武官员的体制甚隆，权力亦重。如台湾道加兵备衔有指挥军队之权，并兼有按察使衔，得以专折奏事。其升迁制度，在康熙统一台湾之初，即已实行道员以下各官，"三年俸满，即升"。其后，雍正七年再谕："凡调往（台湾）各员期满之日，政绩优著者准加二级，称职者加一级，以示鼓励。"同时，为免除驻台官员的瞻顾之忧，清廷在俸禄上复增加养廉银，以资衣食而抑贪墨。

在文化方面，清政府在大力推行儒化教育，创办各种义学、书院，奖励番人子弟向学的同时，亦对应考的台湾士子实行保障名额制度，严禁冒籍应考，以维护台湾籍考生的权益。

总之，清代前期，清廷为防范和治理台湾而采取的一系列防台、抑台和抚台政策措施，其目的即为维护海疆宁谧以巩固其在东南地区的统治。

作者简介

何瑜，中国人民大学人文学院清史研究所教授，博士生导师，国家清史编纂委员会史表组专家。主要研究方向：清代与中国近现代政治史、中国海疆史、清代边疆民族史。

清代治台之策评议（下）

何 瑜

自鸦片战争起，列强携坚船利炮，不断侵扰中国东南海疆，而孤悬海外的台湾，更是成了列强觊觎的目标。英、美、德等国的军舰、商人等接踵而至，或武力进犯，或登陆查勘煤层、测绘水陆地图，甚至建堡伐木，私贩军火，为所欲为。面对欲壑难填的侵略者，清廷一味隐忍。第二次鸦片战争后，被迫开放安平、淡水为通商口岸，后又增加打狗（今高雄）、鸡笼（今基隆）两港。此后，以海防建设为中心，以练兵、育才、购置和仿造西洋船炮、枪械为主要内容的洋务运动，几乎遍及东南诸省，但悬海要区的台湾一地，却没有丝毫涉及。昧于世界大势，海权意识淡薄的清政府，始终没有重视台湾、开发台湾。直到同治十三年（1874）日本大举进攻台湾，清廷才开始改变治台政策，积极开发台湾，将台防与海防真正结为一体。

加强海防与改变治台政策

同治十三年三月，日本借台湾土著民杀害琉球难民事件，大举进攻台湾。五月，清廷急命船政大臣沈葆桢为钦差大臣，调兵遣将，往返交涉。但日人以"生番不隶中国版图"为由，不肯退兵。最后，在英、美各国的调停下，清廷同意赔付日本"从前被害难民之家"抚恤款，及留用日军在台修道建房等银共50万两，方了此案。

此事朝野震动，其对清廷的刺激不亚于英法联军之役。清廷一面明谕李鸿章等沿海滨江大吏详细筹议海防措施，一面命台湾沈葆桢等人，"力图自强之策，以期未雨绸缪，庶几有备无患"。而沈葆桢则积极筹划，"非为台湾一战计，实为海疆全局计"。自此，台防与海防便完全结为一体，树立了欲固海防，必保台湾，欲固台湾则必须变更旧制的观念。

自同治十三年九月始，历时半年之久的国防重点建设大讨论，最终虽以"海塞防并重"为结束，但重塞防乃历代之传统，重海防则是清代国防战略的大转移。光绪元年（1875）四月，清廷派李鸿章督办北洋、派沈葆桢督办南洋海防事宜。随着海防建设的逐步展开，清廷治台政策亦随之发生历史性的巨变。

其一，弛开旧禁，析疆增吏。光绪元年一月，清政府首先采纳沈葆桢等人建议，诏除内地人民渡台入山耕垦例禁，继则积极调整和扩大台湾建置，于琅峤地方筑城设官，增设恒春县；其后，定福建巡抚分驻之制，"冬春驻台，夏秋驻省（指福州）"；接着，又以北部辟地日广，政令难周，添设台北府，改淡水厅为新竹县，噶玛兰厅为宜兰县，另于艋舺（今台北市）设淡水县，鸡笼改名基隆，设通判。同时又因内山日辟，民番交涉渐多，南路理番同知移驻卑南（今台东），北路同知改为中路，移驻水沙连，各加抚民，以理番政。于是台湾建置大为改观，二府八县四厅的行政设施及于台湾全境，为台湾的全面开发奠定了行政框架。

其二，开山抚番，移民屯垦。为根绝列强觊觎之心，沈葆桢赴台后，便已分兵设防，开山抚番，但大规模开山抚番活动，则在日本撤军以后。一年之间，清军分兵三路，历尽千辛万苦，终于开通横断中央山脉的道路。其间开山抚番，艰险异常，但清廷为防止外国侵越，保台湾，固海防，牺牲耗费均在所不惜（三路共计开山859里，耗银20万两，死亡官兵达2000余人）。道路开通后，清廷复设招垦局，鼓励移民，分台东为三路，进行大规模开发，与前期的禁渡政策，不啻（chì）霄壤。

其三，加强台防，倡办洋务企业。为保卫台湾，钦差大臣沈葆桢在受命渡台之际，即与福州将军、闽浙总督等联衔上奏，提出"联外交、储利器、储人才、通消息"的保台四策。抵台后，沈氏一方面奏派专人前往欧洲国家采办铁甲船、水雷、洋枪、洋炮等新式武器；一方面在澎湖添募新勇，在台南选练洋枪队。同时，改变旧式火炮"利不足以及远，力不足以洞坚"的状况，仿照西法在澎湖、安平（今台南）、旗后等处积极修建新式炮台，以加强台湾的防卫力量。在创办洋务企业方面，清廷一反过去对台消极的抑制政策，积极支持沈葆桢等人开采煤、铁、硫磺等矿产，"俾地无弃利，有资实济"，并铺设厦门至台湾的海底电线。

其四，清除积弊，整顿吏治营规。同治十三年，钦差大臣沈葆桢首先提出："欲固地险，在得民心；欲得民心，先修吏治、营政。"在整顿吏治方面，继沈氏之后，福建巡抚王凯泰、吴赞诚等人均有所作为，而最突出的则是巡抚丁日昌。丁以"振刷一分精神，即以挽回一分风气"的精神，不避艰苦嫌怨，明察暗访，严厉惩治在台的各种贪官污吏。在不到半年的时间内，上至总兵、知府，下至汛弁、委员，被其参劾惩处的不下20人。同时丁日昌等人又奏请清廷破格任用，"为地择人"，"为事择人"，使台湾吏治为之一新。在营制方面，清廷虽不同意撤废班兵制度，但为扫除班兵积弊，提高战斗力，亦允许戍台班兵重新整编，易地调防，仿淮军、楚军营制，以500人为一营，将戍台官兵分为三大支，认真训练，扼要驻扎。

海军衙门的建立与台湾建省

在清廷重视海防，努力经营台湾之际，中国东南海疆的形势愈益紧张。日本进犯朝鲜，吞并琉球；法国决意侵吞全越，战火烧向中国的西南边疆，终于爆发了中法战争。光绪十年四月，法国海军绕过海南岛首先进攻台湾，企图占领基隆，结果遭到清军的顽强抵抗。福建马尾海战后，法国远东舰队司令孤拔亲率兵舰再次进犯台湾，陷基隆，攻淡水，然后封锁台湾海峡。台湾受困，牵动全局，清廷焦灼万状，"内外臣工，无不以台湾无备为恨"。光绪十一年二月，谅山大捷后，鉴于东南海疆形势险恶，清廷同意李鸿章"宁失藩服，毋损郡县"的主张，决定"乘胜即收"，签署了《中法停战条约》。

中法战争的教训，再一次深深地刺激了清政府，战争甫定，清廷即诏谕李鸿章、左宗棠等督抚大臣各抒己见，筹议海防。于是，又一次掀起了如何加强海防的大讨论。各地督抚纷纷奏陈，意见集中于练兵、筹饷、用人、制器等诸大端。其中尤以精练海军、集中统驭为第一要务。其次是台湾建置问题。同年六月十八日，大学士左宗棠在病逝前上奏称："第思目今之事势，以海防为要图，而闽省之筹防，以台湾为重地。"指出台湾"孤注大洋，为七省门户，关系全局，甚非浅鲜。其中如讲求军实，整顿吏治，培养风气，疏浚利源，在在均关紧要，非有重臣以专驻之，则办理必有棘手之处。据臣愚见，惟有如袁保恒所请，将福建巡抚改为台湾巡抚，所有台澎一切应办事宜，概归该抚一手经理，庶事有专责，于台防善后大有裨益"。清廷采纳李鸿章、左宗棠等人意见，决定设立海军衙门，先从北洋精练水师一支，并诏谕："台湾为南洋门户，关系紧要，自应因时变通，以资控制，著将福建巡抚改为台湾巡抚，常川驻扎。"清廷再一次将经营台湾和整个东南海防的命运紧密联系在一起，即欲保中土，必固海防，欲固海防，必保台湾。

中法战后，台湾百业待兴，清廷在财力匮乏，内外交困之中，一面在人力、物力和政策上支持台湾的近代化建设，一面在经济上帮助台湾建省，命闽省每年协饷白银 44 万两，五海关协饷白银 36 万两，总计白银 80 万两，以五年为限，初步解决了台湾建省的燃眉之急。光绪十三年，台湾正式建省，下辖三府、一直隶州、三厅、十一县，南北中布局合理，安排适当，一改过去闽台合制的种种弊端，形成以省会为中枢的全台开发经营的整体结构。首任巡抚刘铭传以"一岛基国之富强"，"一隅为全国之范"为宗旨，以设防、练兵、抚番、清赋为要务，大胆引进西方先进的科学技术和管理方法，苦心经营，积极进取，"筑铁路，购轮船，辟商场，通邮传，设学堂，行保甲，制军器，筹边防，劝农桑，振工艺，凡百新政，次第举行"，使台湾在很短的时期内，成为近代中国最先进的省份之一。

清代台湾移民社会的形成与问题

刘　平

　　台湾是移民社会。明朝以前，已经有沿海渔民、走私商人、海盗等下层社会民众移居以澎湖为中心的台湾外岛，并与岛内原住民有较为密切的商业往来。明嘉靖、万历以后，内地移民开始踏上台湾岛。明末，出现了规模性移民活动，而对台湾移民社会的形成起决定性作用的大规模移民，则是清朝于康熙二十二年（1683）统一台湾之后才萌发的，统一之后的民人入台，无论是人口数量，还是土地开发，规模都是空前的。乾隆时期移民进入高潮，至嘉庆时期，台湾移民社会趋于定型，开始进入"土著化"与"内地化"交织的阶段。

　　福建山多地少，明清时期随着新作物的推广，人口数量迅速增加，使得业已严重的人地矛盾愈加尖锐。明末清初，沿海地区又屡遭战乱，社会动荡，民不聊生，为求生计，人们不顾海禁之令，铤而走险，向外迁徙。清代，海盗、航海、向外移民等风气相当盛行。台湾与福建一衣带水，自然条件优越，对于移民的吸引力不言而喻。因此，距离台湾较近的福建漳泉二府便成为移民最大的输出地，广东惠潮嘉三州府则构成了向台移民的第二大群体，远在浙江、江西等地的民人也纷纷踏上迁台之旅。

　　清代前、中期对台移民大致可以分为以下几个阶段：

第一阶段：从统一台湾到康熙末年的近 40 年间，台湾的人口经历了一个缓慢恢复与发展的过程。"平台"之后，清廷将之前统治台湾的郑氏（郑成功后裔）集团迁回大陆，并允许在台流民返回原籍，一度使岛内 12 万汉人锐减到六七万，大量田园抛荒。这一时期，此前奉行的海禁政策也得以强化，并一度扩展到禁止潮惠民人入台，大陆向台移民的规模受到很大限制。直到康熙末年，地方官员积极招揽内地民人赴台开垦，人口才逐渐滋生繁衍。

第二阶段：康熙末年至乾隆二十九年（1764）的 40 余年间，向台移民的规模不断扩大。康熙末年朱一贵起义被镇压后，清廷加强沿岸稽查，并将稽查重心放在查禁偷渡上。至雍乾年间，清廷开始放宽稽查禁令，但旋弛旋禁。这一时期，无论清廷政策如何摇摆，都已无法阻止移民迁居台湾的热潮，渡海入台者一浪高过一浪。为了逃避稽查，移民们千方百计偷渡入台，使得沿岸稽查防不胜防。

第三阶段：乾隆二十九年至嘉庆十六年（1811）的近 50 年间，台湾迎来了移民迁入的高峰时期，人口的年增长率高达 1.8%。乾隆二十九年，清廷解除不得携妻入台的禁令，并允许良民领照迁居台湾，掀起内地民人向台移民的高潮。据估计，乾隆四十一年，台湾汉人约为 90 万，至嘉庆十六年，全台人口达到 190 余万。台湾人口的急剧增加，极大地加快了台湾地区的开发进程，台湾逐步形成一个边疆移民社会。

嘉道之交，成规模向台湾移民的浪潮逐渐停止。鸦片战争爆发时，全台人口达到 250 万。咸同时期，西方列强在沿海地区肆意进行"猪仔贸易"，大量华工被贩卖到南洋，大陆向台湾移民的历史进程基本终结。光绪十九年（1893），台湾人口约为 300 万。光绪元年，清政府曾在沿海创办招垦局，招揽贫民赴台开垦，以抵制日本向台湾的渗透，但收效不著。也正是在这个时候，延续近 200 年的稽查制度才正式废止。

有清一代的向台移民，大致从康熙统一台湾开始，一直持续到清末，经历了由限制迁入、民人偷渡到政府招垦的过程，而以乾隆中晚期至嘉庆年间的移民规模最为引人注目。而实际上，清廷一直实行消极治台的策略，对移民赴台心存疑虑，其管制移民的禁令在很长时间内存在，直到光绪元年才完全废除。因此，偷渡入台便成为沿海民人入台的主要方式。偷渡者被拿获的只有十分之一，到台者也只有十分之二三，其余丧命孤岛、沙洲与葬身鱼腹的多达十之四五，揭示了移民偷渡入台的艰辛和凶险。

即使偷渡成功，移民要在一个完全陌生的环境中生存下来，也是一件很不容易的事情。早期移民不但要忍受巨大的心理与生理孤独，而且要应对恶劣的气候、流行的疫病，以及原住民的威胁。嘉庆年间，开垦噶玛兰的 1200 多名壮丁，有半数死于疫病。

随着移民人口的增加与土地开发，台湾移民社会逐渐成形。一方面，众多移民的迁入，为开发台湾、巩固边疆发挥了巨大作用，而移民与内地的天然血脉联系，则成为联结海峡两岸的重要纽带。另一方面，台湾的开发也为内地的发展提供了重要补充。台湾开发较晚，资本化特征明显，农产品的商品化程度较高。乾隆时期，台湾就已经成为福建地区稻米需求的来源地，蔗糖等经济作物更是行销东南沿海，并远销至朝鲜、日本。

然而，由于受政府举措、移民风气与地方社会脆弱等因素的影响，台湾移民社会也存在各种各样的问题，大致有以下四个方面。

一是男女比例严重失调。清前期，清廷不仅实施海禁，即使在弛禁时期，也有不许移民携带家眷渡台的禁令。所以，前期台湾移民社会的一个显著特征就是"罗汉脚"（单身男人或无业游民）的大量存在。他们既缺乏家庭的慰藉，又没有身家拖累的顾忌，很容易沾染打架斗殴、酗酒赌博等不良习气，直至参与械斗、叛乱。乾隆二十九年取消携眷入台禁令后，台湾的男女比例才慢慢趋于正常。

二是分类械斗现象严重。由于祖籍、地缘观念的影响，移民与原住民，以及移民之间的冲突不断。迁入之初，移民与原住民的矛盾较为尖锐；随着移民数量的增加，移民之间的利益纠纷日渐增加。移民们背井离乡来到台湾，原来的宗族、社区界限被打乱，他们为了在充满危险与竞争的环境中生存，很自然地依照地缘祖籍的划分聚居、开垦。在这种移民形成"分类"的前提下，不仅省与省、府与府，甚至一府之内、各县之间都壁垒森严，以"分类械斗"为主要标志的社会冲突和动乱不断发生。

三是结会树党形成风气。初来乍到的移民，尤其是那些孤立无依的"罗汉脚"，为了生存、互助，开始纠集一体。传统的兄弟结拜、歃血盟誓成为他们现成的"纠合"工具，一旦羽毛渐丰，团体内部的互助很快就演变为对外惹是生非，参与械斗、劫盗以至树旗起事。天地会萌生于闽南，在台湾林爽文起义时才骤然显露，并非无因。

四是暴力现象绵延不绝。在清代前期、中期，台湾社会中的械斗、民变、叛乱相互交织，恶性循环，所谓"三年一小乱，五年一大乱"。整个清代，台湾共发生大小民变43次，"分类"冲突80余起，朱一贵、林爽文两次起义更是震动全国。当时台湾社会的动乱，严重阻碍了地方社会的发展，也为日后台湾社会的纷争对立投下了阴影。

尽管如此，台湾社会逐步完成整合，社会结构趋于稳定。同治之后，大规模的社会冲突转入低潮，分类械斗也由祖籍地缘分类转向家族式械斗，标志着移民对于迁入地认同观念的形成与本地宗族构建的完成，开始"土著化"过程。同时，清廷在台经营渐著成效，加快了台湾社会发展，使得台湾与内地不断趋同，台湾的"内地化"越来越明显。

1895年，日本通过《马关条约》割占台湾。"日据"时期长达50年，使得台湾人滋生出一种深深的遗弃感与放逐感。台湾移民社会的形成是我国内地移民拓展生存空间的结果，台湾问题的解决也必将从两岸人民的切身利益与发展前景中寻求突破。

"台湾民主国"的性质解析

唐 博

1895 年 4 月，中日《马关条约》签署，清廷割让台澎，丧权辱国，全国震惊。举国上下，群情义愤，反割台斗争风起云涌。成立"台湾民主国"，作为这场反帝爱国运动的一部分，在晚清历史上留下了可歌可泣的篇章。

一、"台湾民主国"的成立

割台噩耗传来，康有为等千余名举人在京掀起了"公车上书"运动，要求迁都再战；在京的台籍官民也联名上书都察院，诉说了"台人骤闻之，若午夜暴闻轰雷，惊骇无人色，奔走相告，聚哭于市中，夜以继日，哭声达于四野，风云变色，若无天地"的悲愤心声；表达了"以全台之地使之战而陷，全台之民使之战而亡，虽肝脑涂地而无所悔"的悲壮气概。

4 月 25 日，台北鸣锣罢市，民众拥围巡抚衙门，哭诉死不属倭，要求饷银不许运出，军械局不许停工，税收留供抗敌。台湾巡抚唐景崧（1841—1903）等官员也激于民族义愤，支持台湾绅民。

5 月中旬，清政府驻法参赞陈季同从上海抵达台北，在"台民万亿同心，必欲竭力死守土地"的精神感召下，提出"民政独立，遥奉正朔，拒敌人"之策，形成成立"台湾民主国"的基本原则。5月15日，前工部主事丘逢甲（1864—1912）等台湾地方士绅齐集于台北筹防局，请台湾省巡抚唐景崧暂摄台湾政事，并以全台绅民名义致电总理衙门、南北洋通商大臣及闽浙总督。电文的主旨是"台湾属倭，万民不服"，因而不得不要求自主保台。但在提出"唯有死守，据为岛国"的同时，还强调"遥戴皇灵，为南洋屏蔽"，"台民此举，无非恋戴皇清，图固守以待转机"，显示出高昂的保台爱国热忱。

清廷曾指望借助列强干涉，阻止日本割占台湾，但这一外交努力最终失败，只得派专员交割台澎，并下令唐景崧及全台大小官员内渡。日本政府则先期攻占澎湖，切断台湾岛与大陆的海上联系，并由海军军令部长桦山资纪为台湾总督，率军抵达台湾海峡。对于台湾而言，清廷已无力保台，割占台澎日军迫在眉睫，情势万分危急。

5月21日，丘逢甲、陈季同、林朝栋等人再次集议，决定成立"台湾民主国"，推举唐景崧为总统，丘逢甲为副总统，统领全台义勇，台湾军务帮办刘永福（1837—1917）为大将军，进行更改官制，制作国旗、印信、文告等事项。

5月25日，台北巡抚衙门前锣鼓喧天，士绅民众数千人向唐景崧敬献国旗、国玺及总统印。唐景崧接受推举，走马上任，改年号"永清"。"台湾民主国"正式成立。

二、"台湾民主国"的政治构建及其性质

"台湾民主国"的行政体系，脱胎于台湾省原有的衙门架构，仅有名称变化，而无实质区别。比如布政使司改称内务衙门，筹

防局改称外务衙门，全台营务处改称军务衙门等。各部门主官也由原清廷命官担任。"所有应办事宜，即著该衙门悉心核议，呈请抚台核夺。其余地方民事，仍由道、府、厅、县照旧办理。抚台于外洋各国称民主国大总统，而于本省文武属员仍照旧衔相称"。就连身为总统的唐景崧，也向清廷反复奏明，他暂留台湾实属迫不得已，"俟（sì，等）事稍定，臣能脱身，即奔赴宫门，席藁（gǎo，稻草）请罪"。全台官员皆仍视自己为朝廷命官，其"自主"只针对日寇侵占。

"台湾民主国"成立肇始，曾向中外发布了一系列重要的通电和文告，把"自主为国"的缘由、经过和政策态度说明得十分清楚。唐景崧呈清廷的电奏申明："台民今已绝望，公议自立为民主之国……惟台湾疆土，荷大清经营缔造二百余年，今虽为自主国，宜感念列圣旧恩，仍恭奉正朔，遥作屏藩，气脉相通，无异中土。"刘永福在台南发布《盟约书》表示："变出非常，改省为国，民为自主，仍隶清朝……为大清之臣，守大清之地，分内事也……虽明为抗旨，实隐为遵旨。"台湾民众的布告也说明："今已无天可吁，无人肯援，台民惟有自主，推戴贤者，权摄台政，事平之后，当再请命中朝，作何办理。"

"台湾民主国"的国旗为"蓝地黄虎"，是参照清朝的"青龙旗"相对应而作的，"虎首内向，尾高首下"，以示"龙上虎下"的尊卑，臣服于清朝。年号"永清"，更寓意"永远隶属和忠于清朝"。专设"游说使"一职，其职务是"使诣北京，陈建国情形"，表示只是临时行使内政外交全权，以求清廷体谅。唐景崧在"台湾民主国"成立典礼上也是"朝服出，望阙九叩首，旋北面受任，大哭而入"。就职当天，唐景崧即电奏清廷表明："今之自主，为拒倭计，免其向中国饶舌；如有机，自仍归中国。"就任次日，他又发布文告："今虽自立为国，感念旧恩，仍奉正朔，遥作屏藩，气脉相通，无异中土。"极力表示"台湾民主国"的成立只是权宜之计，清廷和"台湾民主国"仍然是上下级的君臣关系，是中央与地方的关系。

"台湾民主国"是在清廷割台，台民"无天可吁，无主可依"的形势下，"不愿反颜东向"才"自立为国"的。这是不得已而采取御敌保台的应急举措，其目的不在于独立建国，而是为维护国家统一和领土完整，"图固守以待转机"。"台倘幸存，自仍归命国家"，依然为清廷一省。显然，"台湾民主国"虽有"自主国"之名，却无脱离清朝、分裂中国之意，而是"仍隶清朝"。这是当时"台湾民主国"的性质所在。

三、"台湾民主国"的失败及其政治影响

唐景崧虽然不愿遵从清廷限期内渡的命令，但无力阻拦多数文武官员内渡的想法，只得听便。于是，各道、府、县官员相继离去，造成地方行政无人负责的半瘫痪状态。淮军杨岐珍部五个营，台南总兵万国本部四个营等精锐部队，纷纷内渡。驻台官军只有3.3万人，其中台北守军1.3万人。虽然兵力不少，但多系新近招募，缺乏训练，士气低落，武器杂乱，军械弹药不足。由于没有海军配合，难以得到沿海各省的接济。战斗力较强的黑旗军及其统领刘永福，因与唐景崧发生矛盾，在政治上受到排挤，只能到台南布防，从而也削弱了台北的防御力量。

5月底，日军从基隆东面澳底强行登陆。尽管守军顽强抵抗，连续击退日军先头部队，终因各自为战，缺乏统一指挥，未能阻止日军攻势。6月3日，基隆沦陷。次日，基隆溃兵涌入台北，引发全城混乱。唐景崧、丘逢甲、林朝栋等见大势已去，难以坚守，便纷纷化装潜逃，返回大陆。6月8日，日军进入台北。6

月 17 日，日方桦山资纪在巡抚衙门举行"始政典礼"。至此，成立不足一月的"台湾民主国"，在台北失守后宣告终结。

"台湾民主国"尽管昙花一现，但在台湾人民反抗日本占领的斗争，以及清末中国人民的反帝爱国运动中，产生了重要的政治影响。它作为台湾抗敌的一面旗帜，稳定了人心，整合了官军与义军的抗敌力量，在台北失守后，台湾军民又在丘逢甲等召集的义军和刘永福黑旗军的组织下，继续有组织地坚持抗日五个多月，前仆后继，有效抗击了日寇的南侵计划。日军在侵台战争中总计伤亡 3.2 万人，多名高级将领丧生，付出了比甲午战争过程更为惨重的代价。

"台湾民主国"的成立和保台抗战，极大鼓舞了祖国大陆的反割台斗争，为台湾人民播下了长期反抗殖民统治斗争的火种。"台湾民主国"无愧是一场清末反帝爱国运动的义举。

作者简介

唐博，男，1981 年生于河南郑州。历史学博士，国务院台湾事务办公室秘书局公务员。出版专著 3 部，发表学术论文、译文数十篇。主要研究清前期政治史和清末民国北京城市住房问题，在近代黄河史和甲午战争史研究领域也有一定成果。

晚清领土丧失备忘录（上）

厉　声

清道光二十年（1840）鸦片战争爆发，列强以坚船利炮的方式进入中国。由此直到清朝灭亡时的 70 多年间，中国被资本主义列强攫取了 150 多万平方公里的领土。前事不忘，后事之师。本文着重梳理晚清领土丧失的历史过程，用以"备忘"，以资镜鉴。

一、英国割占香港

香港地区包括香港岛、九龙和新界。清政府在第一次鸦片战争失败后，于 1842 年 8 月被迫与英国签订了中国近代史上第一个不平等条约《南京条约》（即《江宁条约》）。次年 10 月，两国又签订了《中英五口通商附粘善后条款》（即《虎门条约》）和《五口通商章程：海关税则》，作为《南京条约》的补充。英国通过《南京条约》主要是获取通商权益：废除公行制度，迫使中国开放广州、福州、厦门、宁波、上海五口通商，并取得协定关税权、领事裁判权和片面最惠国待遇；同时强行割占香港岛，作为贸易集散地。被英国割占的香港岛是近代中国被迫割让的第一块领土，面积为 78 平方公里。英国在《南京条约》中所获取的这些通商权益，早在 1792 年由马嘎尔尼率领的第一个英国使团来京时就曾提出来，却未能得逞，70 年后终于利用"炮舰政策"强迫清政府就范。

英国发动第二次鸦片战争，于 1860 年又迫使清政府签订中英《北京条约》，割九龙司地方一区（指九龙半岛界限街以南地区）给英国，面积约为 11.1 平方公里。1898 年在帝国主义列强瓜分中国的狂潮中，英国又强迫清政府签订《展拓香港界址专条》，强行租借九龙半岛界限街以北、深圳河以南地区及附近的岛屿和海域（今统称为新界），面积约 975.1 平方公里，租期 99 年。

二、沙俄割占中国东北边疆领土

沙俄利用第二次鸦片战争趁火打劫，于 1858 年迫使清政府签订了《瑷珲条约》，1860 年又签订了中俄《北京条约》，割占大片的中国领土，欲将沙俄的统治扩大到尚未建立"牢靠秩序"的全部邻国领土上去（1856 年俄外交大臣哥尔查柯夫语）。

1689 年，中俄《尼布楚条约》签订后，中俄东段边界的确立，使清东北边疆获得了百余年的相对安宁。然而，沙俄自彼得大帝时起，就坚持实施"俄国必须占有涅瓦河口、顿河口和黑龙江口"的战略，宣称这对"俄国未来的发展异常重要"（18 世纪初彼得大帝语）。此时，一些沙俄扩张分子也叫嚣要"收复《尼布楚条约》时割让的全部领土"，极力歪曲《尼布楚条约》的性质，说该约是俄国"被迫签订的"，"违反国际公法"。提出要重占黑龙江左岸，或者，"至少也要获得顺黑龙江到堪察加和日本的航行权"。自 18 世纪中期开始，沙俄先是争取黑龙江的航行权，遭到清政府的拒绝，继而利用乌第河待议区制造事端。1805 年，俄国又非法勘察黑龙江江口。1847 年，沙皇委任尼·尼·穆拉维约夫为东西伯利亚总督，开始以强力推进侵占中国黑龙江流域的计划。鸦片战争后，俄国趁清王朝日渐衰落，于 1854 年和 1855 年两次强行进入中国黑龙江航行，进而于 1856 年出兵，以沿江建立堡垒和哨所的形式蚕食、侵占黑龙江以北的中国领土。

1858 年 5 月，英法联军攻占大沽，天津告急，沙俄见清王朝局势危急，便趁火打劫，迫使清政府草签了《瑷珲条约》。该条约完全是一纸割地条款，主要内容也只有一项：规定黑龙江以北割予俄国，乌苏里江以东为"两国共管"。

对于这一纸割地条款，清政府一直没有批准。1860 年，沙俄迫使清政府签订了《北京条约》。该条约在确认《瑷珲条约》的基础上进一步割占中国领土。全约共有 15 款，主要内容仍是割地，其中规定：将黑龙江以北和乌苏里江以东中国领土割予俄国。与《尼布楚条约》相比，《北京条约》关于中俄东段边界的划分使中国丧失了 100 万平方公里的领土（其中黑龙江以北 60 万平方公里，乌苏里江以东 40 万平方公里）。至此，《尼布楚条约》之后确定的中国东北边界走向发生了重大变化。

三、沙俄扩占中国西部疆域

16 至 18 世纪中期，卫拉特蒙古部游牧于中国西部地区。1755 年，清中央王朝出兵统一新疆。

1757 年和 1759 年，清中央政府分别平定了阿睦尔撒纳和南疆大、小和卓势力的叛乱。至此，清王朝恢复了历史上中国的西北疆域。新疆天山南北，东起哈密、西至巴尔喀什湖，包括楚河、塔拉斯河流域及帕米尔地区均置于清中央王朝的直接管辖之下。1762 年，清政府在新疆设立了军政合一的地方政权机构：总统伊犁等处将军（简称伊犁将军），下设参赞大臣、办事大臣、领队大臣等，分驻新疆各地，管理地方军政事务。

1822 年，沙俄颁布了《西西伯利亚吉尔吉斯人条例》，标志着其对中亚哈萨克草原兼并的基本完成。随后，俄国势力逼近了中国西北边疆，利用清王朝的虚弱，不断蚕食新疆西部地区。1844—1847 年，俄国军队先后数次侵入新疆巴尔喀什湖以东阿拉套山一带，建立了科帕尔堡（今哈萨克斯坦卡帕尔），控制了由俄国谢米巴拉金斯克南下通往新疆喀什噶尔和中亚浩罕、塔什干的要冲。1854 年，俄国军队侵入新疆伊犁河中游以南地区，在古尔班阿里玛图建立了维尔内堡（今哈萨克斯坦阿拉木图）。在 19 世纪 40 年代至 50 年代末近 20 年的时间里，俄国通过武装入侵、构筑军事堡垒、强行移民等手段，不断入侵和蚕食新疆巴尔喀什湖以东以南中国领土，并企图通过不平等条约，使其占有的中国领土合法化。

1860 年签订的中俄《北京条约》规定：新疆尚在未定之交界，此后应顺山岭、大河之流及现在中国常驻卡伦等处，自沙宾达巴哈之界碑末处起，往西直至斋桑淖（nào，淖尔，湖泊之意，常用作地名）尔湖，自此往西南顺天山之特穆尔图淖尔，南到浩罕边界为界。这一分界走向实际是以当时新疆境内的山河、湖泊及常驻卡伦作为划界标志，企图迫使清政府把巴尔喀什湖以东以南领土割让给俄国。1862 年 8 月至 1864 年 10 月，中俄双方就划分新疆西部边界事宜，在塔城举行多次会谈。1864 年下半年，俄方进一步向清政府施加军事压力，而此时正值新疆爆发反清起义，清王朝在新疆的统治摇摇欲坠。10 月 7 日，清政府代表被迫在《中俄勘分西北界约记》上签字。这一不平等条约将北起阿穆哈山，南达葱岭，西自爱古斯河、巴尔喀什湖、塔拉斯河一线，东临伊犁九城、塔尔巴哈台绥靖城总面积约 44 万平方公里的中国西部领土划入俄境。条约又规定：地面分在何国，其人丁即随地归为何国管辖。大批原新疆西部游牧民族和定居人口被强行划归俄属。

四、沙俄侵占伊犁及其收复

1871 年，沙俄利用新疆反清起义和浩罕军官阿古柏入侵新疆后的混乱局面，出兵侵占伊犁，由此形成西北边疆危机。当时，沙俄对新疆形势的总体评估是清政府已无力收复新疆，所以初期曾虚伪地向清政府声明，侵占伊犁是"代为收复，权宜派兵驻守，俟关内外肃清，乌鲁木齐、玛纳斯各城克复之后，即当交还"。1878 年，左宗棠收复新疆，唯有伊犁一处为沙俄强占，清政府随即开始与俄展开长达 4 年的交涉。

1878 年 6 月，清廷任命崇厚为全权大臣赴俄谈判交收伊犁，继而签订《里瓦几亚条约》，遭到朝野一致反对。清廷改派曾纪泽前往俄国进行改约交涉。1881 年签订《改订条约》。其中规定："伊犁西边地方应归俄管属，以便因入俄籍而弃田地之民在彼安置"，同时规定对斋桑湖以东之界做出调整。通过勘界的 5 个子约，俄国实际共割占 4 块中国领土，总计面积约 7 万平方公里。此外，由于其中《续勘喀什噶尔界约》乌孜别里山口以南中俄边界走向的规定不明确，留下了 2 万多平方公里的帕米尔待议区。

作者简介

厉声，1949 年生。中国社会科学院中国边疆史地研究中心主任、研究员、博士生导师，中俄关系史学会副会长，中外关系史学会副会长。主要著作有：《新疆对苏（俄）贸易史（1600—1990）》《中俄伊犁交涉》《哈萨克斯坦及其与中国新疆的关系（15 世纪—20 世纪中期）》《中国新疆：历史与现状》等。

晚清领土丧失备忘录（下）

厉 声

五、藩属国的丧失

清代周边与清王朝保持着宗藩关系的国家主要有朝鲜、越南、琉球以及缅甸等。这种宗藩关系大多是历史的继承，主要形式也是历史上的册封、朝贡（朝鲜一年一贡，越南、琉球二年一贡，缅甸十年一贡），逢藩属国国君即位，清政府派专使持敕书、印信前往册封。这是由古代属国制度在近代演变而成的一种特殊国家关系。藩属国家对宗主国有一定的从属和依附性，宗主国则对藩属国具有一定的支配权和保护义务，这些权利和义务在当时是被国际社会普遍认同的。

19世纪70年代，资本主义国家之间的争夺日趋激烈，在亚洲地区的重要表现是展开了新一轮的殖民地争夺。清朝周边的几个藩属国家成为其主要的争夺目标。

琉球国：1872年10月，日本强行分封琉球国王尚泰为藩王，造成琉球中日两属，以此作为侵占琉球的第一步。两年后，日本又歪曲中日《北京专约》的内容，吞并琉球，宣布废藩置县。此后，日本为换取清政府承认琉球属日和获取更多的通商权益，提出将靠近中国台湾的宫古、八重山两个琉球所属的群岛划归中国，后因日本侵略朝鲜未及商议。

朝鲜国：1876年2月，日以"炮舰政策"迫使朝鲜签订了《江华条约》，第一款是"朝鲜为自主之邦，保有与日本平等主权"。其用心是首先使朝脱离与清王朝的宗藩关系。1882年，日本又迫使朝鲜签订了《仁川条约》，取得了在朝鲜的驻兵权。此后日本对朝鲜的侵略步步深入，直至挑起"甲午战争"。

越南：1873年，法国军队进犯河内，迫使越南签订了《西贡条约》。条约规定承认法国为越南的保护国。1882年至1883年，法军多次入侵与中国毗邻的越南北部，进而挑起"中法战争"。

缅甸：清与缅甸的宗藩关系相对较为松散，英国早有吞并缅甸之心。1874年，英国一支近200人的武装探路队进入缅甸，企图探测自缅甸进入云南的道路，打开通往中国的后门。英驻华翻译马嘉礼擅自带人自云南前往迎接，在中缅边界被当地民众所杀。英乘机要挟，一时中英关系紧张，次年以签订中英《烟台条约》收场。1885年，英军入侵缅甸，次年缅甸沦为英殖民地。同期，中英签订《会议缅甸条款》，清政府被迫承认英占有缅甸。

六、俄英分占帕米尔

1891年和1892年，沙俄两次出兵侵占帕米尔，英国指使阿富汗兵也在1892年侵入到帕米尔中心地带苏满塔什。继而英阿相互勾结，阴谋私分中国领土帕米尔。

帕米尔问题主要源自俄、英的入侵，同时也有中、俄《续勘喀什噶尔界约》规定不明确的因素。该约规定，自帕米尔北部的乌孜别里山口起，"俄国界线转向西南，中国界线一直往南"。因此在两国边界走向之间形成了一个45度夹角的待议区。1892年至 1894 年，中俄就帕米尔问题举行多次谈判。俄方先提出以帕米尔东部的萨雷阔勒岭为界，这样边界走向就违背了前约"中国边界一直往南"的规定，成为向东、再向南的错误走向。清政府则坚持"以喀约为依据"，中间余地商量勘分。经过一年多交涉，清政府一次次拟作的让步都被俄国拒绝。1894 年 4 月，俄国决定中止谈判，提出争议地区暂时维持现状，双方军队各驻扎原处，不得前进，分界问题留待以后解决。俄国此举目的在于稳定其在帕米尔已取得的有利地位，强迫清政府承认它非法侵占帕米尔的事实。此时正值甲午战争前夕，清政府被迫同意沙俄的建议，同时声明：在采取上述措施时，并不意味着放弃中国对于目前由中国军队所占领以外的帕米尔领土的权利。清政府认为应保持此项以 1884 年界约为根据的权利，直到达成一个满意的谅解为止。乌孜别里山口以南的帕米尔一带中俄未定界于是作为悬案遗留下来。

俄国在和清政府谈判的同时，还与英国就私分帕米尔举行秘密谈判。1895 年 1 月，俄英趁中国在甲午战争中失利之机，签订《大不列颠政府及俄国政府关于两国在帕米尔地区的势力范围的协议》，将萨雷阔勒岭以西 2 万多平方公里的中国帕米尔领土偷偷私分，英国占有了瓦罕帕米尔，其余为沙俄侵占。

七、日本割占台湾及澎湖列岛

1894 年，日本发动侵略中国的甲午战争，打败清军，迫使清政府于 1895 年 4 月签订中日《马关条约》。条约共 11 款，第二款内容为：台湾全岛及所有附属各岛屿、澎湖列岛及辽东半岛割让与日本。后因割让辽东半岛与沙俄侵华利益冲突，引起俄、法、德干预，日本不得不接受三国"劝告"，四国商定由中国以3000 万两银子"补偿"日本，赎回辽东半岛。

八、沙俄侵占江东六十四屯

1900 年，沙俄在参加八国联军攻占北京的同时，又单独出兵侵占我国东北三省。沙俄入侵东北，是从血洗黑龙江以北海兰泡和江东六十四屯开始的。

江东六十四屯位于黑龙江以北左岸，沿江南北长约 75 公里，东西宽约 40 公里，面积约 3000 平方公里，有中国居民 3 万多人。1858 年中俄《瑷珲条约》规定，在六十四屯"原住之满洲人等，照旧准其各在所住屯永远居住，仍著满洲国大臣官员管理，俄罗斯人等和好，不得侵犯"。此后中俄双方曾于 1883 年和 1889 年两次会勘六十四屯界址范围。沙俄认为这里是前沿阵地，始终想据为己有。1900 年 7 月，沙俄参加八国联军侵华，首先出兵侵占了江东六十四屯，7000 多中国居民被杀，居民财产被掠夺一空，六十四屯成为一片焦土。8 月，俄阿穆尔地方官颁布条例，宣称江东六十四屯"已归俄国当局管辖，凡离开我方河岸的中国居民，不准重返外结雅地方（即江东六十四屯），他们的土地将交给俄国殖民者，使其专用"。自此，江东六十四屯被沙俄长期霸占。

1906 年交收瑷珲城时，清政府曾多次照会俄阿穆尔地方索要江东六十四屯。次年，清外务部又两次照会俄外务部，要求归还江东六十四屯。俄方以该地归俄属，原中国居民已离开为由，拒绝交还。1908 年以后黑龙江地方政府仍多次致函外务部要求收回江东六十四屯，终无结果，遂成悬案。

九、沙俄策动外蒙古独立

日俄战争后，尤其是 1907 年第一次《日俄密约》后，沙俄加紧了在中国蒙古地区的渗透和侵略活动。1909年底，清政府在外蒙古地区实行"新政"，对沙俄侵略野心的实现是个沉重打击。于是沙俄一方面向清政府施加外交和军事压力，另一方面又以利益拉拢蒙古上层封建王公，加紧煽动外蒙古独立。

1911年7月，被俄拉拢的外蒙古哲布尊丹巴活佛在库伦秘密召开会议，讨论外蒙古"独立"问题。会后派遣"代表团"秘密访问彼得堡，寻求沙俄的支持和帮助。沙皇表示"支持蒙人捍卫独立的愿望"，并向库伦大肆增兵，企图迫使清政府停办外蒙古各项"新政"。至1911年10月，外蒙古首府库伦实际已在沙俄领馆卫队武装的控制下。

辛亥革命爆发后，沙俄加紧策动外蒙古独立。12月1日，在沙俄的扶持下，哲布尊丹巴等宣布"独立"，并于28日宣布即皇帝位，称"多人公举之日光皇帝"，建立"大蒙古国"，年号为"共戴"。继而迫使乌里雅苏台定边左副将军出逃，武力占领科布多城（参赞大臣驻地），"独立"扩大到整个外蒙古。沙俄策动的清末外蒙古"独立"延续至民国时期，进而酿成中国当代历史上最大的一次国土分裂。

在列强的侵略和宰割下，晚清中国领土边界发生了两次大的变迁，先后丧失了150多万平方公里领土；清末遗留下来的沙俄策动的外蒙古"独立"问题又使156.65万平方公里的外蒙古领土从中国分裂出去。在近代以来短短不到90年的时间内，中国失去300多万平方公里的领土，几乎相当于国土面积的四分之一。从国家政治上讲，丧失如此大片领土使历史上国家主权受到巨大的侵害，国家政治蒙受巨大的耻辱；从国家发展的战略角度讲，晚清丧失如此大面积的国土，使国家经济失去了重要的战略资源后备基地，不仅影响近代中国的发展，而且对当代中国的可持续发展也带来了不可估量的负面影响。

康熙帝与法国科学传教团

李景屏

康熙二十七年二月二十日（1688 年 3 月 21 日），奉法国国王路易十四之命，到中国进行科学考察的法国耶稣会士洪若翰、白晋、张诚等人，受到了康熙皇帝的接见。17 世纪 80 年代的法国，正是波旁王朝路易十四统治时期。路易十四与康熙皇帝具有惊人的相似之处：都是冲龄即位，都凭借雄才大略建立了中央集权的统治，并把各自的国家推向了鼎盛，成为区域性的强国——一个成为欧洲大陆科技文化的中心，一个称雄亚洲。

为了绘制航海图，法国已经向世界许多国家及地区派出科学考察人员进行天文观测与地理考察，唯独对派人到中国、印度感到棘手，他们对东方古国实在是知之甚少。考虑到天主教的一个修会——自利玛窦明朝万历十年（1582）来华传教，耶稣会的传教士不仅在中国的土地上立足，而且其中的一些人还直接为中国政府、中国皇帝服务，同官方一直有密切联系，路易十四决定选择精通数学、擅长舆地工作、掌握中国最基本的艺术和科学知识的传教士来华，从而开始了以科学传教团为媒介的中法之间的交往。

欧洲近代自然科学的发展以及路易十四时代法国在欧洲大陆的主宰地位，为科学传教团的派出提供了条件。路易十四所创建的法国科学院、音乐学院、舞蹈学院、建筑学院，使得巴黎成为欧洲科学文化的中心，法语成为欧洲各国宫廷及官方交往的通用语言，而法国军队在荷兰、德意志、奥地利与西班牙的驻扎，更是体现了法国当时的实力及对外扩张的趋势。

根据路易十四的指示，洪若翰等人被接纳为法国皇家科学院的成员，并授予他们"国王的数学家"的委任书。他们的身份是"国王的观察员与数学家"，而"搜集中文书籍和进行天文观测""完成从中国获取天文数据""完善法国人的航海图和地图"（〔美〕魏若望：《耶稣会师傅圣泽神甫传：索隐派思想在中国及欧洲》）则是他们来华的主要目的。他们在中国的科学考察经费，由法国政府从国库中拨给，每年给在中国、印度进行科学考察的传教士9200里尔。对洪若翰等人来说，科学考察是国家赋予的使命，他们每年都要向法国就各项问题提供大量珍贵而准确的考察报告，并提供最优价值的满文和汉文书籍的翻译资料。考虑到传教士的特殊身份，仅用"科学不足以驱使"他们"渡重洋，离祖国，别亲友，而徙居别一世界"（〔法〕费赖之：《在华耶稣会士列传及书目》上册），因而法国政府允许他们在科考之余进行传教。于是法国科学院的科学考察，便同耶稣会的传教联系起来，形成"科学传教团"。康熙二十四年（1685）三月，科学传教团的成员带着法国政府提供的观测仪器，从布雷斯特乘船出发。

在人员的选择上，法国方面非常重视科研兴趣与科研能力。科学传教团的第一批成员由洪若翰、白晋、张诚、刘应、李明组成。身为科学考察团负责人的洪若翰，在来华之前已经在大学教授数学、天文学达8年，并多次在学术刊物上发表著述及科学实验报告。其他几位成员也都对数学、科考有浓厚的兴趣，在传教之余仍从事研究，其中以李明神父最为突出，他在旅途中仍然坚持观测天象。此后来华的宋君荣也是一位有志于科学研究的神父，曾多次到巴黎气象台向有关专家请教，为了进行天文观测，经常"终夜观星"，而当其在海上航行时"对于磁针偏差、风向、海流、磷光等现象作种种测验；对于海鸟、飞鱼等物作种种记述；曾将所为天文测验改正当时地图上的种种错误"（［法］费赖之：《在华耶稣会士列传及书目》下册）。

由于科学传教团成员是由耶稣会士组成，在受命之始就受到来自教会方面的阻力，罗马教廷传信部、耶稣会总会长都极力阻挠路易十四派遣传教士来华。为了维护其在东方的保教权，葡萄牙政府也对他们进行种种刁难，因此科学传教团一行只得从宁波登陆，而无法从葡萄牙控制的澳门进入中国。他们同清政府的联系也不是通过在华的耶稣会，而是通过当时担任清廷钦天监监正的比利时传教士南怀仁与康熙帝联络。

法国传教士来华是"以国王臣民的身份生活在异国他乡"，为了确保科学考察任务的完成，路易十四禁止洪若翰、白晋、张诚等人宣誓（宗教仪式），因为一旦宣誓他们就要像其他传教士一样，忙于教务，不可能将大部分精力投入科学观测。罗马教廷传信部、耶稣会总会长却坚持他们必须履行宣誓。是否宣誓，就成为双方争执的一个焦点。为了强迫科学传教团的成员就范，教廷传信部取消了洪若翰、白晋、张诚、刘应、李明五人传教士的身份。作为耶稣会总会长代表的视察员方济各（意大利人，1671年来华）甚至专门制定了针对法国传教士的"禁约"：不得进行天文观测；所有信件必须用拉丁文或葡萄牙文书写，不得用法文；所有寄往法国的信件必须先交视察员检查；任何人不得通过澳门以外的其他地区进入中国；在北京的法国人未经批准不得公开露面；未经视察员许可不得在钦天监任职等等。

教廷传信部、耶稣会总会长的阻挠、视察员制定的"禁约"

都给来华的科学传教团成员带来种种困难，他们寄给法国科学院的报告以及包括《中国皇帝画像及其小传》的长信全都被截留，甚至法国政府给传教士的经费、书籍也被扣下；而在外省传教也因被剥夺了传教士的身份不被教区接纳，很难开展工作。

法国科学传教团最终能在中国立足，并在科学考察、传教方面都能有所突破，同康熙皇帝的大力支持有直接关系。康熙帝根本就不理会所谓宣誓问题，并亲自接见了这些法国神父。精通数学的张诚和白晋被留在京城，洪若翰等3人则到南京、山西等地进行科考、传教，"由是驻华之法国教会遂以成立"，张诚就成为在华的第一任法国传教区会长。在康熙帝的支持下，白晋、张诚还在皇宫内建立了"药物实验室"，"进行各种欧式治疗法"试验。

此后不久，回北京的洪若翰、刘应因用"金鸡纳霜"（奎宁）治愈了康熙帝的疟疾而得到皇帝的封赏，康熙帝把皇城内的一处住宅赐给法国神父。可是北京的耶稣会负责人徐日升，却认为御赐的住宅是给所有在北京的耶稣会士，并非专赐予法国传教士。但是按照康熙帝的意愿，这处御赐住宅最后还是成为白晋、张诚以及当时在京的洪若翰、刘应的下榻处，此后来京的巴多明、冯秉正等人也都住在这里。不久，康熙帝又把住宅附近的空地作为修建教堂的地基赐予法国神父，此即后来建成的"北堂"。法国教区"不与中国的视察员而与罗马的法国省教区长协商事务"，成为一个独立的传教区。

在康熙帝的支持下，负有科学考察使命的法国耶稣会士相继来华。康熙三十二年奉命出使法国的白晋，在回中国时就带回巴多明、雷孝思、傅圣泽等8位神父，而康熙四十年随洪若翰来华的法国传教士有10人。此后，一批又一批的法籍耶稣会士纷至沓来，诸如杜德美、殷弘绪、蒋友仁、孙璋、钱德明、马若瑟、汤执中、韩国英、金济时、晁俊秀等。据费赖之在《在华耶稣会士列传及书目》中记载，自法国派出科学考察团开始，共计有法国籍神父86人，葡萄牙籍79人来华。

法国科学传教团来华，对促进法、中两国相互了解和文化交流都产生了一定的影响，不仅直接导致欧洲18世纪汉学的兴起，也为中国统治者打开了一扇了解法国、了解欧洲的窗口。1789年（乾隆五十四年）爆发的法国大革命，导致波旁王朝覆亡，派遣科学传教团来华一事也随之终止。

作者简介

李景屏，1945年生于北京。原中国人民大学清史研究所教授。主要从事清代政治史、清代社会史的研究，著有《1795——乾隆六十年》《乾隆与和珅》《正说清朝十二后妃》《何苦生在帝王家：大清公主命运实录》《何苦生在帝王家：大清阿哥》《清朝大事本末》等学术著作13部，发表论文40余篇。

乾隆年间英商洪任辉赴天津投诉案

吴伯娅

乾隆二十四年（1759），英商洪任辉乘船北上赴天津投诉，与一口通商制密切相关，是清代中西关系史上的一个大事件。

一、清廷一口通商政策的确立

洪任辉，一作洪任，原名 James Flint，英国人，东印度公司职员，汉语翻译。康熙年间，清廷解除海禁，开海贸易，先后在江苏松江、浙江宁波、福建厦门、广东广州设立四个海关，负责对外贸易和征收关税。不过，几十年间，四口中以广东为外国商船集中之地，其他三口少见洋船踪迹。为了便于对来华外商的监督管理，康熙二十五年（1686），清廷在广州商行中设立洋货行。外洋贩来货物及出海贸易货物，分为行税，报单皆投洋货行，出海时，洋商赴关纳税。清代著名的广州十三行就源于此。乾隆十年，为加强对外商的管理，清廷在原有的行商制度上建立保商制度。外国商船进口后，须有一名行商作保，外商和船员的一切行为都要保商负责，外商交纳税款也要由保商担保。所有进出口货物价格由保商确定，然后让各行商分领销售。这个制度使外商的行动大受限制。因此，他们不断提出改革的要求，但均遭拒绝。

18 世纪 50 年代，英国资本主义经济已有相当发展，广州一口已不能满足东印度公司对华通商的需要。以洪任辉为首的一些外国商人，既不满于粤海关的不法勒索，又希望前往他们所要购置的大宗产品——生丝、茶叶、南京布等的产地，或距产地较近的口岸进行贸易。他们在乾隆二十年至二十二年间，频频前往宁波通商。

起初浙江官员认为，外国商船久不到浙江贸易，如今慕化远来，自应加意体恤。后见这种贸易有经常化趋势，又产生了疑虑，奏称："应严加防范，以重海疆。"乾隆帝一方面担心洋船至宁波者甚多，将来"番"船云集，留住日久，恐又成一澳门，于海疆重地，民风士俗均有关系；另一方面，他又无意用强硬手段禁止贸易，希望通过更定章程，使浙江税额重于广东，洋商无利可图，自必仍回广东贸易。提高浙海关税率，企图寓禁于征。可是，这一举措没有奏效，英国商船仍然到浙江贸易，并称"广东洋行包买包卖，把持刁难，故不愿去"，愿按新税制在浙贸易。清廷一度考虑同意英商的要求，在浙江开辟通商口岸。乾隆二十二年八月，乾隆帝谕道："今番船既已来浙，自不必强之回棹（zhào，指船）。惟多增税额，将来定海一关，即照粤关之例，用内务府司员设立海关，补授宁台道督理关务。"

允许浙江开埠，中英贸易更加接近茶、丝产地，有利于江浙富庶之区的发展，也有可能引起浙江和广东在招揽贸易方面展开竞争，促进中外贸易的发展。但是，当时的情况是：自开海以来，中外贸易长期集中在广州，形成了一个包括行商、粤海关监督、广东地方官吏在内的庞大的利益集团。他们垄断贸易，贪污勒索，得利甚多，自然不愿意外商弃粤就浙。浙江方面，浙江多一个外贸口岸，就多一个不安定的因素，势必加重官吏的责任。以闽浙总督杨应琚为代表的官员力主禁止宁波通商。乾隆帝认为他们言之有理，因而改变了主意。于是，二十二年十一月，他下令：宁波向非洋船聚集之所，将来只许在广东收泊交易，不得再赴宁波。洋人如果再来，必令原船返棹至广，不准入浙江海口。并命粤海关将这个规定传谕外国商人。这就是一口通商政策的确立。

二、洪任辉北上天津投诉

清廷宣布了只能在广州一口通商的规定，英国东印度公司仍不死心，希望取消禁令。乾隆二十四年五月，洪任辉驾船从广州驶往宁波，到达定海时被清军发现，劝其仍回广东贸易，不得在此停泊。六月，洪任辉驶出定海，但并没有返粤，而是扬帆北上，直奔天津。

六月二十四日，洪任辉出现在天津大沽口外，自称是英国四品官员，一向在广东澳门做买卖，因行商黎光华欠银不还，曾向关督、总督及宁波呈诉，都不准。今奉本国公班之命来天津，要上京师申冤。六月二十九日，直隶总督方观承将详情奏报乾隆帝。洪任辉投诉案由此发生。

乾隆帝认为"事涉外夷，关系国体，务须彻底根究，以彰天朝宪典"，立即派给事中朝铨带同洪任辉从天津赶赴广州，福州将军新柱从福建赶赴广州，共同办理此案。到达广州后，朝铨、新柱奉旨会同两广总督李侍尧，将粤海关监督李永标解任，并就洪任辉的诉状逐一调查审讯。

洪任辉的诉状共有 7 条，真实目的是企图突破一口通商的规定，恢复宁波贸易。洪任辉在定海时就声称："货物银钱俱在后面大船上，欲往宁波贸易。"随后，英国商船"切斯特菲尔德"号在大班昧咧的指挥下果然来浙，准备贸易，但遭到拒绝。他们借口风色不顺，患病人多，需修补篷帆、购买食物等，逗留一段时间后，被迫回棹。清朝统治者认为这"显系彼此商谋，一人出头控告，一人赴浙候信，冀开浙港"。

三、洪任辉投诉案的处理

投诉案发生后，乾隆帝就定下了处置的原则：一、洪任辉控告粤海关监督李永标各款，如果属实，李永标即应正法，俾众知惩创。二、如有内地奸人潜为勾结，代洪任辉写呈词，怂恿控告，乃奸宄（guǐ，犯法作乱的人）之尤，应立即正法示众。三、洪任辉在浙江、天津呈控，必欲去粤向浙，亦属可恶，不可不申明国宪，示以限制。

据李侍尧奏称，李永标尚无因官办克扣，及自买货物全不酬价之事，但其家人遇洋船进口，置买货物不以实价给发。乾隆帝认为家人勒索即主人勒索，不可以失察开脱。李永标被革职流放，家产充公，家人受罚。与之相关的粤海关役吏分别惩处。

乾隆帝认为内地代写呈词者"乃奸宄之尤"，因此查办的重点由呈词的指控内容转为呈词的产生和投递。经查：洪任辉曾就告状之事在仁和行与四川人刘亚匾商量，由刘亚匾执笔撰写。此后，东印度公司在噶喇巴（今印度尼西亚雅加达）请福建人林怀誊改刘亚匾写的状子，由洪任辉往浙江、天津投递。乾隆帝命李侍尧召集在广州的洋商及保商等，将刘亚匾即行正法示众。林怀虽远在海外，乾隆帝命设法招回治罪，毋令漏网。其家属如有留在国内者，密拘审讯，务使沿海之民不敢复蹈故辙。

乾隆帝认为洪任辉勾结内地奸民，代为投诉，企图违例别通海口，罪责难逃。念其身为夷人，从宽发落，命在澳门圈禁三年，期满驱逐回国，不许逗留生事。

对洪任辉提出的7条，清廷决定"规礼名目，一概删除，合并核算"；华商所欠银两，按股匀还；番船出口食物税银不予免除；保商制度继续执行。由此可见，乾隆帝虽然惩处了李永标等人，满足了英商的部分要求，但在关键的征收规礼和保商制度上则毫不让步。乾隆帝还令广东大臣晓谕英商："内地物产富饶，岂需远洋些微不急之货，特以尔等自愿懋（mào，努力）迁，柔远之仁，原所不禁。今尔等不能安分奉法，向后即准他商贸易，尔亦不许前来。"从此，一口通商成为定局。洪任辉乘船赴天津投诉，企图开辟浙江通商口岸的希望成为泡影。

不仅如此，清廷感到为了防止外国人的侵扰，除了将对外贸易限制在广州一口外，还必须加强对来广州的外国商人的管理与防范。二十四年十二月，清廷颁布了《防范外夷规条》，共有五条，又称《防夷五事》。这是清廷全面管制外商的第一个章程，主要内容为：一、禁止外国商人在广州过冬；二、外国商人到广州，应令寓居洋行，由行商负责稽查管束；三、禁止中国人借外商资本及受雇于外商；四、革除外商雇人传递信息之弊；五、外国商船进泊黄浦，酌拨营员弹压稽查。洪任辉赴天津投诉不仅没有达到目的，反而使英商受到更加严格的限制。

一口通商主要是针对西方各国，南洋商船仍可到闽浙江海关贸易，中国商人也可以从四口出海贸易，《防夷五事》在实际中也难以切实执行。但是，从总体上说，它对中外贸易的发展无疑起着阻碍作用，是清代贸易政策的逆转。

作者简介

吴伯娅，1955 年生，湖北武汉人。中国社会科学院历史研究所研究员。主要著作有：《康雍乾三帝与西学东渐》《圆明园史话》；合著有：《清代全史》《中国史稿（清代卷）》《清代人物传稿》等，发表学术论文数十篇。

晚清最早的官派留学生：留美幼童

王晓秋

1872 年 8 月 11 日，30 名 10 岁至 16 岁的中国儿童登船踏上赴大洋彼岸美国留学的航程。1873 年 6 月、1874 年 9 月、1875 年 10 月，又各有 30 名中国儿童赴美留学。这四批总共 120 名留美学生，被称为"留美幼童"，他们是中国近代史上最早的官派留学生。

"留学生"一词起源于唐代，最初是指随日本遣唐使来华并留在中国学习的日本学生，后来统称留居外国学习的学生。近代以前，中国人很少有出国留学的。直到 1872 年，除了极少数被西方传教士带出国的自费留学生外，中国政府从来没有官派过出国留学生。

官派幼童留美的计划是由中国第一位在美国大学毕业的自费留学生、被称为"中国留学生之父"的容闳（hóng）提出的。1846 年，香港马礼逊学堂校长美国传教士布朗回国时，带了容闳、黄胜、黄宽 3 名中国学生一起赴美。他们进入美国马萨诸塞州孟松学校就读。1848 年黄胜因病提前回国，1849 年黄宽转赴英国爱丁堡大学学医。1850 年容闳考入美国耶鲁大学，1854 年以优异成绩毕业，1855 年回国，曾为曾国藩办洋务赴美采购过机器，并向丁日昌和曾国藩提出了派幼童留美的计划。

1871 年，曾国藩和李鸿章联名奏请"选聪颖子弟，携往外国肄业，实力讲求，以仰副我皇上徐图自强之至意"。并具体建议访选各省聪颖幼童，每年 30 名，4 年共 120 名，分批赴美国留学，15 年后归国，"年方力强，正可及时报效"。此奏获清廷批准，并在上海设出洋肄业局，命翰林陈兰彬任正委员，容闳为副委员。开始招生时，由于风气未开，家长们都不愿让孩子出洋，加上还要立类似生死状的甘结书，更增加了人们的恐惧心理。容闳等好不容易才从广东、上海等地招到 30 名 10 至 16 岁幼童，并在上海出洋局补习中文与英文，经考试合格，才正式派遣出洋留学。

1872 年 7 月，容闳先往美国安排学生住宿和学校。8 月 11 日，陈兰彬率第一批 30 名幼童从上海搭船，经日本渡太平洋抵达美国西岸旧金山。然后乘火车横贯美国到东部康涅狄格州。中国幼童们被分散安排在美国居民家住宿，受到各家主人的热情接待。四批留美幼童到齐后，清政府在美国哈特福德建成一幢留学事务所，由陈兰彬和容闳任留美学生正副监督。

留美幼童年龄小，很快适应了在美国的学习和生活环境。他们努力学习，进步很快，得到美国老师和同学的好评。一位美国同学回忆道："他们待人接物彬彬有礼，长于各项运动，天资又高，不但体育好，各门功课都好。我所见过各国学生们，要数中国学生最出色了。"留美幼童陆续在美国的中学毕业以后，至少有 50 多人考进了美国的大学。其中 22 人考入容闳的母校耶鲁大学，8 人进入麻省理工学院，3 人考入哥伦比亚大学，2 人进入哈佛大学。

留美幼童们在美国学习勤奋，生活充实，并逐渐融入美国社会。他们的思想和习俗也渐渐发生变化，如他们见官员不愿跪下叩头，要求改穿西服，体育活动时穿运动服。有的学生还剪了辫子，进过教堂。这就引起封建守旧官僚们的不满和攻击。在留学事务所，陈兰彬与支持学生的容闳发生分歧。后来陈兰彬调任驻美公使，先后继任留学生监督的区谔良、容增祥、吴子登都与容闳意见不合。尤其是吴子登 1879 年底上任后，见到学生不肯下跪，竟大怒加以训斥甚至责打。他向清廷报告，指责留美幼童不遵守封建礼教，已被洋俗同化，"适异忘本，目无师长"。他还攻击容闳纵容学生。国内的封建士大夫也纷纷发难。1880 年 12 月，御史李士林听信谣言，上奏诋毁留美幼童"毫无管束"，"抛荒本业，纷纷入教"。于是清政府命北洋大臣李鸿章、南洋大臣刘坤一，"查明洋局委员，分别参撤。将该学生严加管束，如有私自入教者，即行撤回。仍妥定章程，免滋流弊"。

李鸿章不敢怠慢，即令陈兰彬、吴子登对留美幼童"设法整顿"，并责备容闳失职。而吴子登又通过陈兰彬上奏，继续诬陷容闳与留美幼童，称"外洋风俗，流弊多端，各学生腹少儒书，德性未坚，尚未究彼技能，实易沾其恶习，即使竭力整饬，亦觉防范难固，极应将局裁撤"。吴子登甚至迫不及待地要马上带学生回国，但被李鸿章去电报制止。

恰在此时，美国出现了一股排华逆流。由于 19 世纪 70—80 年代，美国发生经济危机，生产萧条，资本家和报刊舆论为转移视线，竟归罪于中国华工夺了美国工人的饭碗，掀起排华恶浪。留美学生也受到歧视，一部分留美幼童已中学毕业，清政府希望让他们进美国陆海军学校深造，美国国务院却复信称"此间无地可容中国学生也"。

内有封建顽固派的攻击，外受美国排华政策的影响，李鸿章虽不愿立刻全撤，但也顶不住压力。1881 年夏，清政府决定将留美学生全部撤回。容闳闻讯，急忙四处奔走，联络中美友人上书劝阻。耶鲁校长波特等美国大学校长联名致信清政府总理衙门，指出中国留美学生即可成才，半途召回，令人遗憾，而且有损美国学校声誉。美国著名作家马克·吐温也亲自找前总统格兰特致函李鸿章，劝说"幼童在美颇有进益，如修路、开矿、筑炮台、制机器各艺，可期学成，若裁撤，极为可惜"。但是清政府仍坚持认为留美幼童"外洋之长技尚未周知，彼族之浇风早经习染"，"与其逐渐撤还，莫若概行停止"。决定"趁各局用人之际，将出洋学生一律调回"。

1881年8月，留美幼童奉命全部撤回。他们告别了美国的师友，分三批到旧金山乘船。回国前，留学生的中华棒球队还与美国奥克兰队举行了一场比赛并获大胜。11月，留美学生回到上海。令他们失望的是，不仅没有人来欢迎，上海道台怕他们逃跑，竟派士兵押送至道台衙门。

100多名留美幼童刚回国时，并没有受到清政府的重视，有的用非所学，有的屡遭挫折。但是他们学问扎实，精通外语，聪明能干又有报国之心，特别是晚清洋务运动、清末新政和民国初年都急需外交、军事和建设人才，因此他们大多得以脱颖而出，成为国家栋梁之材。其中不少人成为清末民初中国政界、军界、外交界、科技界和教育界的著名人物，为中国现代化建设作出了贡献。有的还在反侵略战争中，为保卫祖国壮烈牺牲。

留美幼童归国从事铁路、电报、工矿等工程建设的人数最多。其中最杰出的是被誉为"中国工程师之父"的詹天佑。他是第一批留美幼童，美国耶鲁大学土木工程系毕业。刚回国时被派到福建船政学堂学驾驶，后又被张之洞调到广东博文馆当英文教习。1888年参与修建京沈铁路，为建成滦河大桥作出重大贡献。1904年又主持修建京张铁路，1913年被选为中华工程师学会会长。此外，还有十多人曾担任过各铁路局局长、总工程师和各电报局局长，成为中国近代早期铁路和电报建设的奠基者。

　　归国留美幼童也活跃在政界和外交界，其中最有名的是民国第一任内阁总理唐绍仪。他是第三批留美幼童，后入哥伦比亚大学文科。回国后出使朝鲜，结识袁世凯，后任天津海关道。1904年以外务部侍郎赴印与英国谈判，维护中国政府对西藏的主权，功不可没。清末参加南北议和，民国初年担任北京政府第一任总理。留美幼童中还出了清末外务部尚书梁敦彦及驻美公使梁诚等十几名外交官。

　　文化教育界的留美幼童中则出了好几位大学校长，最著名的如清华学堂（原为留美预备学校，今清华大学）校长唐国安、北洋大学（今天津大学）校长蔡绍基等。

　　军界的留美幼童大多任海军军官，多数参加过反侵略战争，有的以身殉国。如1885年中法战争马尾海战中，留美幼童6人作为福建水师军官参战，杨兆楠、黄季良等4人壮烈牺牲。1894年中日甲午战争黄海海战中，英勇作战献身的留美幼童北洋水师军官，有致远舰大副陈金揆、济远舰大副沈寿昌等人。

晚清留欧船政学生

王晓秋

1875 年（光绪元年），清政府在派出第四批幼童留学美国的同时，也开始了派遣学生留学欧洲的试探。同年 3 月，命福州船政局法籍监督日意格率领 5 名福州船政学堂毕业生赴欧洲英、法两国参观学习。以后从 1877 年至 1897 年，清政府又先后派遣四批共约 80 名学生留学欧洲。这些学生绝大多数是从福州船政学堂学生中选拔的，赴欧主要学习海军的造船和驾船技术，故史称晚清留欧船政学生。

福州船政局（又称马尾造船厂，简称闽局、闽厂）是闽浙总督左宗棠在 1866 年创办的，地点在福州马尾。船政局还附设船政学堂，以造就人才，初名求是堂艺局。同年 10 月左宗棠调任陕甘总督，举荐前江西巡抚沈葆桢接任福建船政大臣。1867 年 1 月，福州船政学堂正式开学，分为前后学堂。前学堂（又称制造学堂）聘法国教习，主要学习船舶制造与法语。后学堂（又称驾驶学堂）聘请英国教习，主要学习航海驾驶和英语。学生除在课堂学习外，还要去工厂或舰船实习。福州船政学堂成为中国早期海军人才的摇篮。

1873 年底，沈葆桢等上奏建议派船政学堂学生赴英、法学习"造船之方""驶船之方"，必可"事半而功倍"。北洋大臣李鸿章和总理衙门也表示赞同。1875 年借船政局法籍监督日意格奉命回法国购买机器之便，让其带领 5 名船政学堂毕业生赴英、法两国参观学习。学习驾驶的学生刘步蟾、林泰曾在英国海军学校学习一年后，随日意格回国。而学习制造的学生魏瀚和陈兆翱则留在法国造船厂继续学习。这是官派留欧船政学生的先声。1876 年李鸿章又派卞长胜等 7 名淮军青年军官随德国洋员赴德国学习军事技术。但是由于他们未经培训，缺乏专业知识和外语基础，加上洋员的欺压和刁难，没取得什么效果。清政府决定还是从福州船政学堂选拔优秀学生赴英、法学习造船和驾驶技术，留学年限定为 3 年，经费则从福建厘金、关税和船政局经费中提取。

1877 年 3 月 31 日（光绪三年二月二十七日），第一批留欧船政学生 30 人，在留学监督日意格和李凤苞的率领下从福州启程，经海路抵法国马赛港。学习驾驶的 12 名学生赴英国留学，刘步蟾等 6 人先上英国军舰实习。严复等 6 人则进入格林威治皇家海军学院学习。学习造船的有 18 名学生，加上两年前抵法的 2 名，共计 20 名学生在法国留学。魏瀚等 9 人进入瑟堡造船工程学校和土伦海军士官学校学习，其他人则进入矿务学校和各工厂实习。第一批留欧船政学生在 1880 年前后陆续回国。

1882 年又派出第二批福州船政学堂留欧学生 10 名。其中 8 名制造学堂学生，2 名驾驶学堂学生。留学法国的有 5 人，1 人进巴黎土木工程学校，3 名就读于枫丹白露炮兵学校，1 人到火药厂实习。留学英国的 2 人进入皇家海军学院学习，并到英国军舰实习。另有 3 名学生被派到德国柏林施瓦茨科夫工厂学习武器制造。

1886 年，由于海军发展的需要，又派出第三批船政留欧学生 33 人。其中不仅有福州船政学堂毕业生，还有天津北洋水师学堂毕业生。其中 14 名学制造的学生赴法国留学，补习一年法语和理科课程后，分别进入工程技术学校和巴黎大学法学院。另外 19 名学驾驶的学生则赴英国留学，有的入格林威治皇家海军学院学习，有的直接随英国海军舰队实习。

1891 年以后，清政府曾筹备派遣第四批留欧学生，但因北洋大臣李鸿章与闽浙总督卞宝弟为分配北洋水师学堂与福州船政学堂派出学生名额一事争执不下，加上英国政府的阻挠而耽搁。1894—1895 年中日甲午战争中，北洋海军又遭全军覆没。直到 1897 年，福建船政大臣裕禄奏请再派留欧学生以整顿船政。于是同年 6 月又派 6 名福建船政学堂学生赴法国学习制造。他们先是免试进入造船和土木工程学校，但由于程度不够又被转入预科班补习。1900 年因福州船政局财政困难，新任船政大臣许应骙（kuí）奏请召回留欧学生。因此第四批留欧船政学生在法国学习不满三年就半途而废，被撤回国内。

晚清留欧船政学生与晚清留美幼童有许多不同。首先是他们出国时年龄较大，一般在 20 多岁，比较成熟，而且都是从福州船政学堂和天津水师学堂选拔的优秀学生，文化、专业素质与外语基础比较好。其次是派遣的目的较明确具体。就是为了发展中国的海军和造船事业，派学生去当时被认为世界上海军最强大的英国和造船工业最发达的法国留学，以培养中国自己的海军人才（"良将"）和造船人才（"良工"）。第三是留学期限较短，学用结合，成效显著。留美幼童预定学习期限为 15 年，而留欧船政学生一般为 3—5 年，且多数能如期学成归国服务。留欧船政学生留学期间除了在各类学校学习专业知识、技术外，还被安排到英国军舰或法国工厂实习，力求理论与实践相结合，再加上他们自己刻苦努力，因此多数学生学习成绩优良，成效显著。

回国后，这些留欧船政学生成为中国早期海军和造船工业的骨干，为中国近代海军发展和工业化作出了重大贡献。有些留欧学生还在反侵略战争中血洒疆场，英勇献身。北洋舰队的主要海军将领和大部分军舰的舰长（当时称管带）几乎都是留欧船政学生。他们在北洋海军建设和甲午海战中发挥了决定性作用。如北洋舰队的左右翼总兵（相当于舰队副司令）是第一批留欧船政学生刘步蟾和林泰曾，他们不仅负责舰队的训练、管理和作战指挥，而且兼任北洋舰队两艘最大的铁甲主力舰"定远"舰和"镇远"舰的舰长；在黄海海战中沉着指挥，英勇奋战；在威海卫海战中，血战到最后，拒绝投降，自杀殉国，保持了民族气节。留欧学生"经远"舰长林永升、"超勇"舰长黄建勋在黄海海战中，勇猛作战，壮烈牺牲。"靖远"舰长叶祖圭、"来远"舰长邱宝仁等也表现英勇。民族英雄、"致远"舰长邓世昌也是福州船政学堂毕业生，曾赴英国和德国学习、考察过一年。清末，留欧船政学生萨镇冰曾任海军大臣。民国时期，刘冠雄、萨镇冰、李鼎新先后出任北京政府的海军总长或海军总司令等职，成为清末民初中国海军建设的核心人物。

在造船和工程技术、武器制造等方面，晚清留欧船政学生也有许多贡献。如第一批留欧船政学生魏瀚回国后，负责福州船政局工程处，自行设计制造了一批军舰和轮船。他后来还做过铁路会办和汉阳机器厂总办。留欧学生陈兆翱归国后任船政局蒸汽机制造总工程师。陈才瑞从德国留学回国后，创建了船政局的鱼雷车间。

晚清留欧船政学生中还有一位杰出人物，那就是中国近代著名思想家、翻译家严复。他是福建侯官人，因家境贫寒考入官费的福州船政学堂，在后学堂学习航海驾驶和英文，5年后以优异成绩毕业，还曾登军舰出海实习。1877年作为第一批留欧船政学生留学英国，进入格林威治皇家海军学院学习。与其他留欧船政学生不同的是，他除了学习军事技术外，还注意观察和研究英国的政治与社会。他曾经到英国国会和法院旁听，访问英国工厂、学校和商店，研读各种西方名著，还与当时驻英公使郭嵩焘讨论时事和学问。1897 年回国后，严复被李鸿章委任为天津北洋水师学堂总教习（教务长），后升总办（校长），为培养海军人才作出了努力。但他对中国现代化的最大贡献还是翻译了《天演论》等西方名著，宣传进化论，鼓吹救亡图存和变法维新，在当时影响极大，成为近代中国著名的启蒙思想家。民国初年，他还担任了京师大学堂改名为国立北京大学后的第一任校长。此外，与第一批船政学生一起赴欧洲留学并兼作使馆随员的马建忠，进入法国政治学院学习政治和国际法，并通过考试获得文科硕士学位。他后来也成为著名的改革思想家和外交家。还有留欧船政学生兼作使馆翻译的陈季同也进入法国政治学院学习法律和文学，他用法文撰写了《中国人的自画像》《中国人的戏剧》等介绍中国文化的著作，也为中西文化交流作出了贡献。

清末留日热潮

王晓秋

清朝末年 20 世纪初，出现了大批中国学生涌向日本留学的热潮。中国人蜂拥前往日本留学，其中多数是青年学生，也有王公子弟、秀才举人、在职官员，甚至缠足女子、白发老翁也不甘落后。有的夫妇同往，有的父子、兄弟相随。留学生或官费送派，或自筹经费，有的来自沿海城市，有的来自偏僻内地，竞相东渡，络绎不绝。清末留日学生在 20 世纪初的十余年中，总数达几万人之多。

为什么会出现这样一个声势浩大的留日热潮呢？最根本的动力乃是处在严重民族危机之下的中国人要求向日本学习以挽救民族危亡、振兴中华的愿望。自从 1895 年甲午战争中国败于日本以后，广大中国知识分子看到日本经过明治维新向西方学习，富国强兵，卓有成效。因此纷纷主张效法日本，作为中国学习西方救亡图存的一条捷径。亲身到日本留学，直接了解日本改革富强的经验，并吸收经过日本引进消化了的西方文化，自然成了许多中国爱国有志青年的向往之路。1898 年戊戌维新失败后，维新派首领康有为、梁启超等被迫亡命日本。20 世纪初孙中山等革命党人也屡次因发动武装起义受到清政府通缉而到日本避难。有的青年学生为了追随他们而到日本留学，而不少流亡志士本身也成为留日学生。

清政府提倡、鼓励官费、自费并举赴日留学的政策，对留日热潮的形成也起了重要的作用。早在1898年湖广总督张之洞在《劝学篇》一书中就大力倡导留学日本。他说，"出洋一年，胜于读西书五年"；"入外国学堂一年，胜于中国学堂三年"；"至游学之国，西洋不如东洋"。20世纪初清政府实行新政，为了培养新政人才，吸取日本新政经验，也大力提倡留学日本，并制定了一些奖励政策。尤其是1905年停止科举考试以后，更使不少知识分子以出洋留学为重要出路与进阶捷径，竞相东渡。

日本政府主动吸引中国留学生的政策和日本朝野欢迎中国留学生的态度，也是出现留日热潮的一个重要原因。甲午战争后日本为与俄国争夺远东霸权，有意笼络清政府，其中手段之一便是劝说清政府派学生去日本留学。此举既可密切两国感情，又可增加日本外汇收入，更重要的是可以在中国扩张势力，培养亲日派。日本教育界还特地为接纳中国留学生开设了一批学校，如日华学堂、弘文书院、成城学校清国留学生部、法政大学法政速成科、早稻田大学清国留学生部等。

此外还有一些显而易见的因素，如中日地理相近，来往方便，留学日本费用节省，文字习俗相似等。

清政府向日本官派留学生，最早是在1896年。当时驻日公使裕庚出于使馆工作需要，从国内选拔了唐宝锷等13名学生赴日本留学，并请东京高等师范学校校长嘉纳治五郎负责对他们的教育。

1898年戊戌维新期间，清政府正式下令各省督抚选派学生赴日留学。地方上首先是湖广总督张之洞派遣官费留日学生20多人赴日本学习陆军。接着北洋大臣、南洋大臣以及浙江求是书院等也纷纷派出留日学生。至1899年，中国留日学生已有100多人。1901 年中国留日学生人数又增加到 280 余名，1902 年为 500 多人，1903 年 1300 多人，1904 年达 2400 多人。1905 年至 1906 年中国人留学日本达到高潮。由于清政府废除科举制度和日本在日俄战争中获胜等因素影响，留日学生人数猛增到 8000 多人。1907 年以后出现下降趋势，其原因也是多方面的，一方面是由于日本政府文部省对中国留日学生制订了种种限制和歧视政策，引起留日学生极大愤慨，不少人愤然回国。另一方面，清政府学部也颁布留学规定，限制留日学生的资格，而且停止派遣速成科留学生，使留日热开始降温。而且，中国的学校教育逐渐普及，一般普通教育不必出国留学。此外欧美各国特别是美国也开始积极招收中国留学生。1908—1909 年留日学生减到 5000 多人。1911 年辛亥革命后，许多关心祖国前途命运的留日学生，都争相回国，投入革命洪流，1912 年留日学生人数骤减到 1000 多人。

中国留日学生在日本入学和学习状况的特点，一是以学习政法和陆军为热门。与 19 世纪清政府派往欧美的留学生大多学习理工和海军不同，20 世纪初中国留日学生学习的专业非常广泛，从政法、文史、外语、师范到理工、农医、军事、商业以至音乐、美术、体育，应有尽有，其中以学政法和陆军为最多。

另一个特点是学习速成科和普通科较多。这反映出由于当时中国社会动荡，留日学生大多学习准备不足又急于求成。加上自费生比例高、流动性大、清政府管理不严等原因，往往学习质量不太高，还有不少纨绔子弟到日本留学只是为了镀镀金玩玩而已。

中国留日学生从半殖民地半封建的旧中国来到正在进行资本主义建设的日本，一切都感到非常新鲜。许多留日学生一到日本，就跑书店、看报刊、听演讲，广求新知。他们在日本接触到的各种新知识、新思想，促使他们滋长爱国主义和民主、革命思想。但是让他们受到更深刺激的是由于祖国的贫弱而遭到日本人的歧视和侮辱，这一切都强烈地刺激着他们的民族感情，激发了爱国热情，也使他们更加不满清政府的腐败卖国。因此，清末中国留日学生中形成了一股高涨的爱国热潮。随着国内民族危机和革命形势的发展，加上他们在日本接触到的资产阶级民主革命思想的影响和拒俄运动等实际斗争的教育，很多留日学生逐渐从爱国、改良走向革命。他们利用在国外求学的条件，举行各种集会，组织革命团体，出版革命刊物和书籍，日本东京成了20世纪初中国资产阶级革命派的重要基地。孙中山领导的同盟会主要骨干如黄兴、宋教仁、胡汉民、廖仲恺等，革命宣传家陈天华、邹容、秋瑾等都是留日学生。同盟会在各省的主盟人与发动的历次武装起义的指挥与骨干也大多是留日学生，为辛亥革命推翻清王朝作出了重大贡献。

另外，归国留日学生也是清末新政改革的骨干力量。筹备立宪、法制改革、教育改革、军事改革等许多建议、法令、制度都是他们起草的。不少归国留日学生成了清政府各种新政机构的官员和新军的各级军官。

清末留日学生在日本还进行了大量文化交流活动，他们通过创办报纸杂志、编译出版书籍等方式，把来自西方和日本的资产阶级新思想、新文化、新知识，经过自己的消化改造，再向留学生界和国内知识青年广泛传播。由于留日学生人数多、能量大，所办刊物种类多、内容新、形式灵活，对于当时启迪民智、制造革命舆论效果卓著，影响极大，促进了中日文化思想的交流。据不完全统计，20世纪初（1900—1911），中国留日学生所办报刊至少有七八十种之多。大量翻译日文书籍也是留日学生对中日文化交流的一大贡献。据不完全统计，仅1902—1904年短短三年中，以留日学生为主翻译的自然科学、社会科学和教科书等各类日文书就有 300 多种，占当时中国翻译外文书总数的 60% 以上。这些书不仅介绍了日本和西方的文化、思想、科学，而且推动了中国的文化教育和印刷出版事业的发展。同时还引进了不少日语词汇中的汉字，如哲学、阶级、主义、俱乐部等，丰富了汉语的词汇。

20 世纪初，大批中国留日学生来到日本各地求学，深入日本民间，广泛进行文化交流，尤其与接触较多的日本教师、同学、房东等各阶层群众，建立起深厚的友谊。鲁迅 1904—1906 年在仙台医学专门学校学习时，与他的解剖学教师藤野严九郎之间的师生情谊，就是一个典型的例子。

总之，清末留日热潮对于近代中国革命运动和政治、经济、军事、文化、思想、科学的发展，都产生了很大的影响。在留日学生中涌现了一批著名的政治家、军事家、文学家等。同时也推动了中日文化的交流，加深了中日两国人民之间的友谊。

"师夷长技"与"全盘西化"

杨东梁

在中国近代史上,"师夷长技"与"全盘西化"是不同时期提出的探寻中国前途的两个命题。鸦片战争中,魏源在研究总结失败的惨痛教训基础上,提出了"师夷长技以制夷"的精辟论断。而大约过了半个世纪后,"全盘西化"说才开始在中国露头,到 20 世纪二三十年代,成为一种流行的社会思潮。这两种主张在中国近代都曾产生过较大影响。那么它们是在一种什么背景下提出的呢?各自的特点和实质又如何呢?这需要在比较中做进一步探讨。

一

清政府在甲午中日战争中的惨败,使"洋务派"所标榜的"自强新政"在人们心目中的地位一落千丈,"求强""求富"的口号在冷酷的现实面前也受到置疑。民族危机的加剧,使越来越多的爱国知识分子更加迫切地去探索救国真理,如谭嗣同所说:"平日于中外事虽稍稍究心,终不能得其要领。经此创痛巨深,乃始屏弃一切,专精致思,酷嗜西学。"(《中国近代史资料丛刊·戊戌变法》第 2 册第 566 页)从 1895 年至 1898 年间,报馆风起,学会林立，介绍西方资产阶级文化的著作被广泛译成中文，变法维新成了社会舆论的中心议题，有人形容是："家家言时务，人人谈西学。"（同上，第 3 册第 156 页）正是在这样一种背景下，"全盘西化"论在近代中国出现了。

光绪二十四年（1898），《湘报》先后发表过两篇文章，一篇是樊锥的《开诚篇》，提出"革从前，搜索无剩，唯泰西是效"；另一篇是易鼐的《中国宜以弱为强》说，它的一个主要论点是："若欲毅然自立于五洲之间，则必改正朔，易服色，一切制度悉从泰西。"这两则文字可算有关"全盘西化"论的最早表述。"全盘西化"成为时髦的社会思潮，那是 20 世纪二三十年代的事，胡适、陈序经对西方文化盲目崇拜，声称只有"全盘西化"，中国才有出路。蒋廷黼（fú）在 1938 年出版的《中国近代史》一书中也说，中国"非全盘接受西洋文化不可"。如果说戊戌变法维新时期，刚刚冒头的"全盘西化"论主要是出于爱国动机而走上极端的话，那么五四时期和 30 年代的"全盘西化"论，则是要阻挠马克思主义在中国的传播，实质上是在维护中国的半殖民地统治秩序。

二

与"全盘西化"论相比，"师夷长技"的主张有什么特点呢？

首先，"师夷长技以制夷"口号的提出是从实际出发的。当时的实际是什么？第一，鸦片战争把清军装备的落后、简陋暴露无遗。通过战争实践，使中国人目睹了西方枪炮、船舰的威力，用魏源的话说，要学习的夷之长技是"一战舰，二火器，三养兵练兵之法"（魏源：《海国图志·筹海篇三·议战》）。第二，能不能从中国古代智慧中去寻找御敌良方呢？事实说明办不到。不仅儒家经典中的"微言大义"无济于事，就是嘉、道时期被称为"经世致用"的思想和方略也无能为力。第三，是当时清政府对外政策的实际。长期以来，清政府坐井观天，昧于世界大势。结果是走私的鸦片大量输入，一些有利于增强国力的"长技"却被拒之门外，魏源曾批评过这一政策。魏源、林则徐等按照当时的国情和世界形势，提出了他们认为应该学习的内容。

"全盘西化"论者则对本国实际不做认真细致研究，他们对自己的国情，只站在远处、高处粗粗地瞥一眼，就把目光全部倾注到他们朝思暮想的西方"极乐世界"去了。

"师夷长技"主张的第二个特点在于它的目的是"制夷"，这是关键所在，它的进步性和生命力也主要体现在这一点上。在近代中国，帝国主义和中华民族的矛盾、封建主义和人民大众的矛盾是社会的主要矛盾，因此制不制夷，或说抵不抵抗列强的侵略这是关系到中华民族生死存亡的根本问题、原则问题。伟大的爱国者林则徐在鸦片战争中，不但采取了"师夷"的措施而且也初步取得了"制夷"的效果。他曾经派人去澳门、新加坡，"购西洋各国洋炮二百余位，增排两岸"[《林则徐书简》（增订本）第 179 页]，并从美商处购置了一艘千吨级的英制军舰"剑桥"号，又组织人力翻译了一些国外造船、制炮的技术资料。林则徐的活动曾使西方殖民者感到恐慌，也使战争初期英军在广东未能得手。

主张"全盘接受西洋文化"的蒋廷黼却一方面说"鸦片战争以前，英国全无处心积虑以谋中国的事情"，美化投降派琦善下了一番"知己知彼"的功夫，说"在外交方面，他实在是远超时人"；另一方面，却大肆攻击林则徐"于中外的形势不及琦善那样的明白"，甚至说"林败则中国会速和，速和则损失可减少，是中国的维新或可提早二十年"［蒋廷黻：《中国近代史》（外三种）］，功过是非完全颠倒。

第三个特点是从思想方法上看，"师夷长技以制夷"的主张打破了僵化的传统意识，对己对彼都注意了克服片面性，这确实是中国思想界一个了不起的变化。"师长"论者可贵之处还在于他们看到了彼长己短之后，并没有失去自尊和自信，从而对夷人顶礼膜拜。相反，他们对自己国家和民族的前途充满信心。相信经过"师夷长技"一定能达到"制夷"的目的，使国家面目改观。魏源对中国的悠久文化和中国人的聪明才智，表现出一种强烈的自豪感，他说："中国智慧无所不有，历算则日月薄食，闰余消息，不爽秒毫；仪器则钟表晷（guǐ，日影）刻，不亚西土；至罗针壶漏，则创自中国而后西行；穿札扛鼎，则无论水陆，皆擅勇力。"这样的民族，如再能虚心学习别人的长处，"因其所长而用之"，就一定会"风气日开，智慧日出，方见东海之民，犹西海之民"（魏源：《海国图志·筹海篇三·议战》）。

"全盘西化"论者则并非如此。他们鼓吹"要彻底的崇洋"，在五四运动后，有一本名叫《中国文化的出路》的书，公开宣扬"中国的一切都不如西方"，必须"把西方的一切都接受过来，好的坏的都要，不仅要民主与科学，也要军国主义和金力主义"，其崇洋心理的膨胀几乎到了无以复加的地步，它的片面性也达到了荒谬绝伦的程度。

有些论者在评述到"师夷长技以制夷"时，总是不无遗憾地认为林、魏等人"只是学习西方文化的表层而非文化的根本"，说他们对西方文化认识肤浅。须知，人们对事物的认识总有一个由浅入深、由表及里的过程，这是符合认识规律的。但不管如何"浅"，都掩盖不住他们爱国主义的熠熠光辉，这是那些以西方殖民奴化思想为特征的"全盘西化"论者不能望其项背的。鲁迅先生在论及刘半农时曾说："但他的浅却如一条清溪，清澈见底，纵有多少沉渣和腐草，也不掩其大体的清。……如果是烂泥的深渊呢，那就更不如浅一点的好。"（《鲁迅全集》第六卷）林、魏的认识虽"浅"，却是一条"清溪"，比起"全盘西化"的"烂泥深渊"来，很容易让人赞同"不如浅一点的好"的呼唤。

三

"师夷长技"与"全盘西化"，不仅表现出对待西方文化的两种态度，实质上也反映了对民族传统文化的两种评价。先进的中国人在西方侵略者面前并没有苟安昏睡，屈服于侵略者的坚船利炮，而是不甘落后，积极探索，追求新知。但是"师夷长技"论者并不菲薄民族文化传统，他们强调以我为主，有着强烈的民族自尊心和自信心，他们相信中国智慧"不亚西土"，要制夷却不为夷所制，"我有铸造之局，则人习其技巧，一二载后，不必仰赖于外夷"。这种勇于放眼世界，"师夷长技"为我所用，又不仰"夷人"鼻息的主张，正是晚清以来中国人民宝贵的性格和优秀的思想。而"全盘西化"论者则割裂民族传统，他们唯西洋马首是瞻的主张是不切实际的，是违反科学的，毕竟要为历史潮流所淹没。

作者简介

杨东梁，1942 年生，湖南岳阳人。中国人民大学清史研究所教授，博士生导师。主要从事中国近代史研究，撰写《左宗棠评传》《大清福建海军的创建与覆没》等专著 10 部（部分合著），发表学术论文百余篇。

清代边疆驿传与国家安全

刘文鹏

驿传体系的构建与完善一直被中国历代统治者视为维护多民族统一国家的安全和稳定、实现有效管辖的一个重要前提。自定鼎北京，清朝几代皇帝四处用兵，而驿、站、台、塘也像触角一样由行省区沿各个方向向边疆地区延伸，使边情上传，政令下达。中央统治力量借此输往帝国的各个角落，最终完成"大一统"帝国的重新构建。

从功能角度讲，清代的驿传体系集官员接待、文报传递、物资运输三种功能于一身。信息传递代表着中央政令的下达和地方情况的上传；官员接待意味着中央政令的执行、军政力量的调遣等；至于交通运输、物资转运，更是涉及战略布局的重要因素。这三种功能都是清朝中央获取各地信息，并向各个地区投放、输出军政力量，实现有效统治的方式。所以当时的驿传绝非仅仅是个交通问题，而是关系到帝国开拓、安全和稳定的重要战略因素。

一、对多民族国家统一战争的支撑作用

清代边疆驿传的发展常常以战争为契机，并直接影响到战争

的胜败。康熙三十一年（1692），康熙帝下令安设内蒙古五路驿站，喜峰口外 15 站，古北口外 6 站，独石口外 6 站，张家口外 8 站，杀虎口外 12 站。这些驿站将从长城沿线向北延伸，直至草原深处，连通内蒙古各部。

康熙帝在这个时间安设内蒙古五路驿站有着一个深刻的历史背景，那就是与蒙古准噶尔部的战争。康熙二十九年七月底，在离北京约 500 多公里的乌兰布通，清军遭遇挥师东进的蒙古准噶尔部首领噶尔丹。经过一场恶战，数万清军全军覆没，连康熙帝的舅舅佟国刚也身殁此役。惨重的失败使康熙帝认识到与准部争夺北方草原霸权的斗争将持续下去，为此必须构建长远的防御体系，稳步推进，而保证指令畅通、后勤补给运输顺利将是决定未来战争胜败的重要因素。内蒙古五路驿站就是在这个背景下设置的。

乌兰布通之战八年后，清、准大战再次展开。由于五路台站设置后，大量军队和军事物资源源不断地输往前线，清军拥有了有力的后勤支撑，很快将战线推进到喀尔喀蒙古地区，并主动出击、深入大漠深处寻找准部主力作战。康熙三十七年，当双方在昭莫多遭遇时，清军终于大获全胜，尽雪前耻，准部主力被击垮。

此战之后，准部势力离开喀尔喀蒙古，退回新疆，而清军和清军的台站则尾随而至。根据范昭达《从西纪略》的记载，康熙五十八年八月，朝廷派兵部尚书范时崇安设自杀虎口至喀尔喀蒙古，跨越大漠的北路 47 处台站，即阿尔泰军台的雏形，这就是北路。雍正十一年（1733），清朝组建乌里雅苏台大营，北路台站再次调整。自张家口至乌里雅苏台军营，共 47 台，16 腰站。到乾隆十九年（1754），随着台站的延伸，北路大军稳定地据有科布多，与新疆仅有阿尔泰山一山之隔。而经陕西、甘肃进入新疆的驿路被称为西路。

台站是否畅通还影响着战争的进程。乾隆十九年，乾隆帝决心再次用兵准部。文武大臣大部分反对，主要理由是距离太远，台站和后勤补给需要长期筹备。乾隆帝力排众议，派军轻装西进，以图速战速决，其间虽然不是一帆风顺，但最终平定了此百年之患。台站畅通，文报往来神速、毫无滞留起到了很重要的作用。

二、构建边疆战略防御体系中不可或缺的因素

在清代边疆地区的军事防御体系中，驿传常常扮演着重要角色，康熙时期在黑龙江流域反击、防御沙俄的成功就是一例。

沙俄的侵略势力顺治初年就已延伸到中国的东北。由于一直忙于平定全国以及后来的三藩之乱，清朝无暇北顾，所以直到康熙初年，清朝在东北的统治力量仍然非常薄弱。黑龙江流域的镇守由千里之外的宁古塔将军负责，驿站之设更无从谈起。在后勤补给和军报传送非常困难的情况下，每次沙俄骚扰边境时，清军总要奔波千里，劳师袭远，只求速战速决，东北边陲之患自然难以根绝。

平定了三藩之乱后，康熙帝着手于以长远之计来解决东北的边防问题。康熙二十一年八月，康熙帝派郎谈、彭春以围猎为名，探测雅克萨城的虚实和黑龙江沿岸的水陆路程，准备设立从吉林城到黑龙江沿岸的台站。驿站设置方案，关系到兵力调派、后勤补给问题，也关系到文报传递、战争指挥问题。对于黑龙江驿站的设置，康熙帝一直有一种"建长久之计，不狃（niǔ，因袭、拘泥）于目前之见"的思想，不但要为当时反击沙俄的战争服务，而且还将驿站之设与以后长期防御沙俄相联系。

康熙二十三年二月十四日，康熙帝派郎中保奇等人着手设立

吉林到黑龙江沿岸的驿站。战略据点的选择是影响驿站路径的首要因素。清政府经过多方考虑，最终将爱珲（即黑龙江城所在地，今瑷珲）作为黑龙江沿岸的驻防地。此后，黑龙江城成为进攻雅克萨城的军事基地，并一度成为清朝镇戍黑龙江流域的核心力量所在。之后，清朝又以白都讷、吉林等几个战略要地为核心，构建台站道路，支撑军队调遣、战略物资转运和军报传递。在后来的两次雅克萨之战中，清军无论是快速出击，还是对俄军的长期围困，都得益于台站畅通和供给不断。

三、关系边疆地区的安全和稳定

清代的边疆驿传不仅为战争提供有力保障，即使在承平时期，也是关系到边疆地区稳定和安全的重要因素。乾隆皇帝曾将驿传视为向西藏地区释放统治力量的主要载体，甚至不惜为此大动干戈。

修建通往藏区的驿路，唐宋时期就有，元代最盛，但真正实现对驿传的稳定管辖和控制的还是在清代。清朝设置通往藏区的驿传始自康熙时期，当时入藏驿路有二，南路经四川入藏，北路经青海入藏。康熙时期也曾试图建立由云南入藏的官方驿路，因难度太大而放弃。康熙五十五年，准噶尔蒙古趁西藏内乱之机，派兵侵入拉萨，控制西藏。为维护国家统一和稳定，康熙五十七年，康熙帝派皇十四子允禵（tí）为抚远大将军，督率大军，从青海、四川两路用兵，最终击败准噶尔军队。西藏的驿传也就以此为契机逐渐建立。

承平之时，西藏驿传所有兵丁的选派、台站的保护都由驻藏大臣直接管理。但驿站的后勤供给，需要的夫役、牛马雇佣，则依赖所在的各地藏人头目牒巴办理。牒巴负责各地钱粮赋税的征收，驿站所需要的人力、财物也在他们的掌握之中，但牒巴又听命于负责西藏行政事务的噶隆，而这在某些特殊时期会对驻藏大臣管驿权产生严重制约。乾隆十五年西藏贵族珠尔默特那木扎勒发动叛乱，其措施之一是下令巴塘、里塘一带的牒巴撤去对驿站的供应，这使从打箭炉到拉萨的驿站、塘汛立刻陷于瘫痪，文报阻断，连乾隆帝的上谕也无法送达拉萨。直到叛乱平定，在继任的藏族头领班第达的组织下，驿传才得以复通。

平叛之后，乾隆帝对藏人制约驿传、驻藏大臣无计可施的情况仍然心存顾忌。他在上谕中指出，最重要的事就是保证政令畅通。清朝下令把西藏各地牒巴的任免事务、驿站管理、向中央奏报事务等都归达赖喇嘛与驻藏大臣协商办理，并将这些内容写入《西藏善后章程》。这种人事权的重新划分，目的是保证清朝对藏区台站的有效控制，使之能够为清朝的军政事务提供服务。40 多年后，在驱逐廓尔喀人的战争中，乾隆皇帝仍然强调这一点。

康熙帝晚年时曾说："我朝驿递之设最善，自西边五千余里，九日可到，荆州、西安五日可到，浙江四日可到。三藩叛逆吴三桂，轻朕乳臭未退，及闻驿报神速，机谋远略，乃仰天叹服曰：休矣，未可与争也。"（《康熙起居注》，2459 页）字里行间透露出他对边疆驿传发达的自豪之情。清朝帝国疆域辽阔，民族复杂，即使边远疆域，其统治力也能通畅到达，驿传功不可没。

作者简介

刘文鹏，1972 生，河北宁晋人。中国人民大学清史研究所副教授，历史学博士，主要研究方向为中国古代政治史。著有专著《清代驿传及其与疆域形成关系之研究》，以及《清代补偿性政治控制》等十余篇学术论文。

晚清海权观的萌发与滞后

杨东梁

面向海洋，是近代世界强国发展必须认真思考的问题。而近代中国海洋意识的觉醒却经历了一个漫长的过程。

中国是世界海岸线最长的国家之一，海洋也是中华文明赖以成长、发展的一个要素。中华民族在造船航海方面所取得的成就，历史上曾列世界之首。明代郑和七下"西洋"，堪称世界航海史上的空前壮举。但由于中国自古以农立国，历朝历代基本上采取"重农抑商"政策，商品经济受到人为的阻碍；加上明、清两代推行"海禁"，使闭关自守、重陆轻海倾向占据主导地位，因此迟迟未能形成海权意识。直至19世纪中叶鸦片战争爆发，面对西方列强用武力叩关破门，才开始萌发了近代海防观念。

鸦片战争（1840—1842）后期，林则徐、魏源相继提出了较为长远的海防大计。林则徐强调"船炮水军断非可已之事"，"有船有炮，水军主之，往来海中，追奔逐北，彼能往者，我亦能往"；魏源则明确提出"师夷之长技以制夷"，也就是要学习西方先进的技艺，制造船炮，建立一支新式海军，"集于天津，以创中国千年水师未有之盛"。

"自强新政"兴起后，刚刚萌发的近代海防意识得到进一步发展，李鸿章呼吁："外国猖獗至此，不亟亟（jí，赶快）焉求富强，中国将何以自立？"同治五年（1866），左宗棠更上疏清廷，阐明加强海防的重要性，他说："自海上用兵以来，泰西各国火轮、兵船直达天津，藩篱竟成虚设，星驰飙（biāo，暴风）举，无足当之，欲防海之害而收其利，非整理水师不可；欲整理水师，非设局监造轮船不可。"左宗棠认为当西方列强争雄海上、争夺海权之际，中国不能自甘落后，无动于衷，他形象地比喻说："彼此同以大海为利，彼有所挟，我独无之。譬犹（比如）渡河，人操舟而我结筏；譬犹使马，人跨骏而我骑驴，可乎？"他已经认识到建设一支近代海军不仅是加强海防、抵御外侮的需要，也是"防海之害而收其利"的需要，这无疑是近代中国人逐步树立海洋意识的一个新突破。当然，左宗棠当时对"海洋之利"的内涵认识虽然还比较肤浅，但应该说已经有了初步的海权意识。

同治七年，江苏巡抚丁日昌草拟了一份《海洋水师章程》（直到 6 年后才经代奏转达朝廷），提出要建立北洋、东洋、南洋三支新式海军，"每洋各设大兵轮船六号，根钵轮船（炮艇）十号"，并各设提督统辖，彼此呼应，联成一气。三洋各设三座制造厂，"水师与制造相互表里"。丁日昌的条陈，首次规划了建立中国近代海军海防的方案。

进入 19 世纪 70 年代，欧美有关海防建设的理论传入中国。同治十三年德国人希里哈的《防海新论》（1868 年在伦敦出版）由江南制造局译成中文出版（英人傅兰雅译，华蘅芳述），这是一部从军事上总结美国南北战争成败得失的理论著作。该书的主导思想在于必须以积极的海上防御措施取代传统的海防手段。这部书的翻译出版立即在中国政界产生了重要影响，并成为中国海防建设的主要理论来源。其时，正值日本入侵台湾，一个刚刚起步开始学习西方的东洋岛国也敢打上门来，不能不使清政府极为震悚。总理衙门认为必须积极筹措海防，并提出练兵、简器、造船、筹饷、用人、持久等六条应变措施。清廷遂命沿海、沿江督抚、将军筹议，这就是中国近代第一次海防大讨论。在讨论中，有五位督抚大员直接引用了《防海新论》的基本观点，特别是北洋通商大臣兼直隶总督李鸿章本来就强调近海防御，因此，对希里哈有关近海重点防御的论述极为欣赏，他在《筹议海防折》中，就吸收了希里哈的不少见解，该折认为希里哈关于"聚集精锐，以保护紧要数处，即可固守"的论述"极为精切"。李鸿章倡导重点设防的守势战略，就是直接接受《海防新论》的影响。

在第一次"海防议"中，左宗棠的"东则海防，西则塞防，二者并重"的观点为清政府所采纳，从而在国防战略上确立了海洋与大陆同等重要的原则，也使海防在国防指导方针中取得了应有的地位。从此以后，清廷决定由李鸿章、沈葆桢分别主持北洋与南洋防务，开始成规模地筹建近代海军。同治十三年至光绪十年（1874—1884），北洋、南洋、福建、广东四支海军规模初具。

"海防议"后的10年，晚清海军虽有了初步发展，但与西方列强相比，仍然差距悬殊，这一点在中法战争（1883—1884）中暴露无遗。当时，法国舰队横行东南海域，福建水师被封锁在马尾港内，全军覆没；南、北洋海军也一无可恃，甚至连台湾海峡都难于涉渡。

中法战后，清廷痛定思痛，急谋有所改善。1885年（光绪十一年）6月发布谕旨说，"当此事定之时，惩前毖后，自以大治水师为主"，并命各沿海督抚各抒所见，这就是第二次"海防议"。第二次海防建设大讨论，得出了"目前自以精炼海军为第一要务"的结论。其具体措施是决定成立"总理海军事务衙门"，以统一海军指挥，加强海防的整体建设。同时，决定集中使用并不宽裕的海防经费，"与其长驾远驭，难于成功，不如先练一支，以为之倡"。正是在这样的背景下，光绪十四年九月奏定了《北洋海军章程》，北洋海军正式成军，共有舰艇 25 艘，总排水量约 4 万吨，再加上南洋、福建、广东三支海军，至甲午战前，中国海军共拥有大小舰艇 78 艘，总吨位 8 万余吨，成为一只相当可观的海上力量。中国海军力量的加强，自然引起国际上的关注。光绪十五年，美国海军部长本杰明·富兰克林·特雷西在一份年度报告中说：中国的海军实力列世界第九位，排在英、法、俄、德、荷兰、西班牙、意大利、土耳其之后，而排在美国和日本之前。岂料这一海军建设的成就不但没有成为继续加强海防建设的动力，反而成了清政府不思进取的包袱。从光绪十四年后，北洋海军没有再添置新的战舰。十七年，户部又决定两年之内暂停购买北洋武器，海防建设处于停滞状态。北洋海军在远东的优势地位逐渐被迅速崛起的日本海军所抵消。经过 20 多年的苦心经营，到甲午战前，日本海军已拥有中等以上战舰 32 艘，总排水量达 5.9 万多吨，而且在作战的机动性和海上进攻能力上有了很大的提高，其实力已超过了中国北洋舰队。清政府因为对海防建设的短视与盲目终于自食苦果。

19 世纪 70 年代中期，晚清国防战略由"专防内地"向"海口防御"转变。这种海口重点设防思想虽有一定的实用价值，但从海权控制来看却是消极保守的。直至甲午战争爆发，李鸿章的海军战略仍是"保船制敌""避战保船"，这自然限制了晚清海军建设的规模和发展方向。

在西方，从 18 世纪以后，随着海军由中世纪向近代过渡，重视制海权的军事战略已经问世。到 19 世纪末，美国海洋理论学家马汉提出了"制海权决定一个国家国运兴衰"的思想，从而直接促成了德、日、美诸国海军的崛起。光绪十六年，马汉出版了他的《海权对历史的影响，1660—1783》一书，明确表述了要确保商业航运的利益，就必须获得海上航行的自由，因此必须掌握制海权。

马汉关于制海权问题的论述，引起了正积极向外扩张的日本的密切关注。日本将《海权对历史的影响，1660—1783》等列为军事学校、海军学校的教科书，海军军官人手一册。相反，在中国，马汉的海权理论却受到冷落，直至清朝覆亡后17年（1928），比较全面介绍海权思想的论著《海上权力论》（林子贞著）才面世，这离甲午战争已过去了30多年。

对于海权观念，晚清时代的中国人迟迟未能觉醒，对海洋国土、海洋资源、海上交通线、海上贸易的竞争完全处于懵懂状态，几乎一无所求。淡薄的海洋观念以及对海洋权益的漠视把清廷国防战略的制订引向了歧途，而且对我国维护海洋权力和利益的事业造成了长期的、消极的影响。这是深刻的历史教训。

海洋权利是国家领土向海洋延伸而形成的权利，属于国家主权的范畴。亲近海洋是世界强国发展的必由之路。中国的发展不仅要依靠陆地国土，也需要维护海洋权利，从海洋上退却，损害的将是中华民族的根本利益。

甲午战争中李鸿章消极防御的方针

史革新

1894 年中日甲午战争给中华民族带来巨大灾难。这场战争也使李鸿章苦心经营了数十年的"一生事业，扫地无余"。但他反省原因时却归结于"环境所迫，无可如何"。如果把甲午战败之责完全归咎于李鸿章一人，固然不符合历史实际，但是，李鸿章对于甲午战败负有不可推卸的责任。在战前，他一厢情愿地依赖列强"调解"，疏于防范；战争中，他固守消极防御、"保船避战"的方针，给战败埋下祸根。

在 1894 年 7 月中旬以前，清政府派驻朝鲜的兵力共有 2400 余名，由叶志超、聂士成统率，屯驻牙山。日本派出由大岛义昌率领的第五师团混成旅 4000 余人开进朝鲜，兵力优于中国。从 7 月 21 日开始，李鸿章在光绪帝的压力下迅速调集卫汝贵、马玉昆、左宝贵、丰升阿等人率领的四路人马入朝，部署在平壤一带，中国的兵力增加到 13000 人，军事对峙形势对中国稍稍有利。7 月 25 日，日本舰队在牙山口外丰岛附近海面对护送兵员、饷械的中国海军发动突然袭击，重创我"广乙""济远"两舰，运兵船"高升"号被击毁，殉难官兵 700 多人。同日，日本大岛义昌率陆军向驻守在牙山的中国军队发起进攻。中日战争由此爆发。8 月 1 日，中日两国同时正式宣战。

中日战争爆发后的一段时间，日本在朝鲜的兵力逊于中国。然而，8月5日，李鸿章命令驻扎在平壤的淮军盛军统领卫汝贵："汝等队初到，必须先据形胜，坚扎营垒，勿为所乘，确探前路敌情，俟全队到齐，再相机进止。"几天后，他再次向驻朝清军下令强调："目前只能坚扎平壤，扼据形胜，俟各营到齐，后路布妥，始可相机进取。"命令直隶提督叶志超："日虽竭力预备战守，我不先与开仗，彼谅不动手。此万国公例，谁先开战，即谁理诎。"而日本却利用清军固守平壤、"株守以待"的机会，源源不断地从国内调兵。到9月上旬日军发动平壤战役前夕，日军进入朝鲜的总兵力为19600余人，其中担任进攻平壤的兵力为16000余人，已经形成对于清军的作战优势。9月15日，侵朝日军分四路猛攻驻守在平壤的中国军队。虽有左宝贵等将士英勇作战，但因主帅叶志超庸劣无能，率先出逃，清军各部未能很好配合，遂使平壤被日军攻占。

平壤战役失败的真正原因，是李鸿章奉行的消极防御的作战方针。但是，李鸿章并不认真检讨自己的失误，一味强调"固由众寡之不敌，亦由武器之相悬，并非战阵之不利也"。实际情况是，平壤之役，清军兵力比日军多，武器比日军好。有学者指出："平壤之役，是中日两国陆军的首次大兵团作战。参战清军约一万八千人，日军约一万六千人。清军多系北洋精锐，士兵使用的武器大都是毛瑟枪、哈乞开司枪和黎意枪，还有相当一部分部队使用连发枪（又称快枪）。部队配有克虏伯钢炮，装备要比日军的好。"

在海战问题上，李鸿章认为，中国海军实力不敌日本，"海上交锋，恐非胜算"，只能采取"静以待敌"的策略。他为北洋海军制定的作战方针就是"以保船制敌为要"，只许"游弋渤海内外，作猛虎在山之势"，不许出海作战。这种消极防御的作战方针，放弃了中国的制海权，束缚了海军将士的作战主动性，贻误战机，以至葬送了北洋海军。

在丰岛海战前，北洋海军提督丁汝昌曾经请示北洋舰队出海"操巡"，但被李鸿章拒绝。这就大大限制了北洋海军的活动范围，把广大海域让给了日本海军。不许舰队出洋"操巡"，又使乘轮渡海援朝的陆军只能与少量海军舰只冒险出海，而得不到强大舰队的有力保护，给日本海军以袭击的机会。可悲的是，清军的这种部署被日本间谍探知，日本于是决定从海上袭击中国海军。7月23日，日本联合舰队从佐世堡起航，开往牙山方向。25日，它的第一游击舰队在丰岛海面，以优势兵力、火力袭击了执行运送兵饷任务的北洋舰船（"济远""广乙"为护航舰），给中方造成重大损失。丁汝昌在这次行动前考虑到船队在途中有遭敌袭击的危险性，要求李鸿章准令舰队继续接应。7月24日，舰队已生火起锚待发，但被李复电制止，为丰岛海战的惨败埋下了祸根。

黄海海战，中国方面的损失虽然较大，但依然拥有"定远""镇远""来远""济远"等战舰，保持着一定的战斗力。此时的李鸿章拘泥于"保船制敌"的消极防御方针，再加上一连串海战的损失，畏敌避战的思想愈加浓厚。他明令丁汝昌只能固守在威海一隅，"应率船出傍台炮线内合击，不得出大洋浪战，致有损失"。其时，日军猛攻旅顺，危及北洋海军的根本要地。丁汝昌亲赴天津请求率舰队出击援救。李鸿章斥责他说："汝善在威海守汝数只船勿失，余非汝事也。"11月22日，日军攻陷旅顺，船坞沦于敌手，北洋海军之根本被拔除。

日本一直把退驻在威海卫的北洋海军视为最后从军事上战胜中国的主要障碍。1895年1月，日本根据"进兵山东半岛，歼灭北洋水师"的战略计划，出动海陆军进攻我山东半岛。当时停泊在威海卫军港的北洋舰队仍有各种战舰 15 艘，其中铁甲舰 3 艘，巡洋舰 3 艘，装甲舰 1 艘，炮舰 6 艘，练舰 2 艘，依然保持一定的战斗力，如能与岸上友邻部队密切配合，积极作战，不是没有挫败敌人进攻的可能。但是，在李鸿章消极防御思想的影响下，丁汝昌提出舰队依靠岸炮与敌作战的计划："今则战舰无多，惟有依辅炮台，以收夹击之效。""在炮台炮线水雷之界，与炮台合力抵御，……免敌船驶进口内。"李鸿章表示："海军所拟水陆相依办法，似尚周到。"其实，这是一个以保全战船为第一要务的作战计划，完全是李鸿章"保船制敌"消极防御思想的产物。

能否守住威海卫，加强陆路防御至关重要，而山东海岸沿线的布防恰恰是个薄弱环节。包括李鸿章在内的清朝上层决策集团都把战争注意力放在津、旅、直、奉一线，布置于山东半岛的兵力不多，后来尽管有所增加，但因战线太长，兵力部署分散，再加上各军在训练、装备、指挥系统等方面存在的矛盾和问题，山东陆路防线的薄弱状况并未发生明显的改变。更严重的是，北洋海军统帅丁汝昌与海岸陆军将领戴宗骞在防战问题上发生分歧。戴宗骞主张"抽行队赴远处迎剿"，"敌无论何处登岸，以抽绥巩军队驰往剿捕为重"，"准其因地审势，自酌战守"。而要将威海炮台防守事宜交给北洋海军，实际是要抽调主力去打游击。丁汝昌致书戴宗骞，反对他坚持的不守炮台而出战的意见，主张海陆合力同防，共同御敌。李鸿章支持丁汝昌的意见，回电否定了戴宗骞的主张："用兵固须因地审势，我枪炮既不能敌，倭诡计狠劲，又不及彼，汝欲扼上庄口山，自问仓猝能扼住否？若溃退，则敌必随入，一军皆慌，仍以扼要埋伏地沟为妥。"李鸿章尽管发现了问题所在，但未能进一步采取有效的办法解决海陆军主要将领之间的分歧，加强陆路防守。

1895 年 1 月 20 日，日本陆军在联合舰队的掩护下，从荣城湾龙须岛登陆，包抄威海卫后路。日海军则从海上封锁威海卫。清朝陆军的抵抗很快被日军击溃，丢失了威海南北两岸炮台，使北洋舰队处于敌人两面夹击之中。丁汝昌抱定"船没人尽"的决心，率领广大将士奋力抵抗。2月11日，日军进攻更加猛烈，陆援和突围的希望完全断绝，丁汝昌自杀殉国，其部属遂向日军投降。李鸿章苦心经营了十余年的北洋海军，至此全部覆亡。

李鸿章消极避战的方针束缚了北洋舰队将士的手脚，直接导致中国海军史上这一空前的悲剧发生。

马江风云的反思

杨东梁

晚清重臣左宗棠曾说过："中不如西，学西可也。"马尾船政局的创办和福建海军的诞生，就是"学西"的产物，也是开放与封闭碰撞的结果。

清同治五年（1866）底，清政府在福建马尾开办了中国第一个近代造船厂——马尾船政局（亦称福建船政局）。马尾隶属闽县，是福州的外港，船政局即坐落在马江北岸（马江是指闽江下游的南台江与乌龙江汇合处至海口的一段）。一年后，船厂开工制造第一艘轮船，两年半后，第一艘木质轮船下水。以后又开始制造铁胁轮船（即木质军舰外添铁甲），到光绪十年（1884）马尾海战爆发前，共造船 24 艘，其中军舰 19 艘，商船 5 艘，总排水量 2.7 万余吨。

船政局创建和发展的过程充满了荆棘，其中既有封建守旧官僚的反对，也有外国势力的干扰。创办之初，接替左宗棠任闽浙总督的吴棠就坚决反对说："船政未必成，虽成亦何益！"继之，内阁学士宋晋又攻击自造轮船"糜费太重"，"是以有用之帑金，为可缓可无之经费"，主张"暂行停止"。而外国势力更视船政局为寇仇，极力阻挠。筹办船厂的消息一传开，英国首先反对，英驻福州领事贾禄高调鼓吹造船不如买船，福州税务司美理登

（法国人）也想钻营入局。后来，法国驻福州领事巴世栋又想把领事裁判权扩大到船政局，终被船政大臣沈葆桢坚决顶了回去。沈葆桢义正词严地指出，这一举动"越分妄为，令人发指"，痛斥这位法国外交官"狼子野心，意别有在"。事实证明，同任何一项新生事物一样，创办船政局也不是一帆风顺的。

近代轮船下水后，清军水师不断得到充实，到光绪元年，隶属福建水师的舰船已达16艘。而且，从1872年起，一批由船政局创办的船政学堂毕业生开始进入海军服役，到1875年已有6名毕业生出任轮船管驾（舰长）。清军水师虽然在指挥系统、海战训练、后勤保障、基地建设等方面仍相当落后，但已具备了近代舰队的雏形。

马尾船政局以及主要由它建造的船舰所组成的福建海军，是依靠法国的技术和机器设备形成的产物。但让中国人始料不及的是，正是法国舰队在一次突袭中，把船政局和福建海军当成了摧毁目标。

1884年（光绪十年）8月，马江上空风声鹤唳，到8月23日以前，法国海军已有8艘军舰（海防战列舰1艘，巡洋舰4艘，炮舰3艘）、2艘水雷艇闯入马江。另外，还有2艘军舰停泊在金牌峡上游担任警戒，1艘海防战列舰巡弋于闽江口外，作为海上声援。而泊于马江江面的福建海军只有1艘轻巡洋舰、8艘炮舰和2艘运输舰。在强大的敌军面前，福建海军官兵临危不惧，处变不惊。时任闽海关副税务司的英国人贾雅格也为之动容，他说："这些军舰上的兵士，几个星期以来一直处于在敌人随时可以发射的炮口之下，而且十分明白敌我的实力悬殊，但他们仍然坚决地固守岗位，这真是令人十分惊佩的！"

8月23日下午约两点钟，蓄谋已久的法国舰队向马江江面上的福建海军全面开火。尽管中国水师官兵奋勇抵抗，但终因实力悬殊，准备不足，且处处掣肘，几乎全军覆没，军舰被击沉9艘，2艘受伤搁浅，官兵近800人殉难。

福建海军虽惨遭失败，但海军将士们在战斗中却表现出色，他们的英勇行为和不怕牺牲的精神，使"英美船舰观战者均称叹不已"，甚至连法国侵略者也不得不承认，"其中有些人表现出勇敢和英雄的优美榜样"。比如，"振威"号是一艘排水量只有570吨的小炮舰，战斗中受到3艘法国巡洋舰的围攻，但在管驾许寿山（船政学堂首届毕业生）的指挥下，毫无惧色，奋战到底。贾雅格在他的报告中说："就是在它最后沉没的一刹那，这勇敢的小船还以最后一炮击中它的敌人，重创了敌舰舰长和士兵两名。"另一位目睹战斗过程的美国海军军官也赞叹说："这一件事，在世界最古老的海军记录史上均无前例！"当时上海的英文报纸《字林西报》评论道："西方人士料不到中国人会这样力战。"

马江战役是法国侵略者把战火燃烧到中国本土后的一次重要战役，也是中国创建近代海军后的第一次实战。林则徐的侄孙林扬光曾写了一首《悲马江》的诗，诗云："风声竟使全军墨，海水翻流十日红。"洒满烈士鲜血的马江，给后人留下了无限惆怅，缕缕哀思。同时，也促使后人对这次惨痛失败进行深刻反思。

落后必然挨打。马江之战充分暴露了中、法双方在政治制度、经济实力、军事技术上的巨大差距。恩格斯曾说过：一场战争的胜负"取决于人和武器这两种材料，也就是取决于居民的质与量和取决于技术"。法国当时是西方资本主义的主要强国之一，它不但有强大的经济实力，而且有先进的军事装备。法国在19世纪五六十年代已完成了产业革命，工业生产在20年间几乎增长两倍。1870年它在世界工业总产值中的份额占到10%，仅次于英、美、德三国。而当时中国的近代工业和交通运输业才刚刚起步，19世纪60年代末才有了新式造船厂，1872年新式航运业问世，1878 年第一座近代煤矿正式投产，1880 年始建成第一条单轨铁路。在军事实力方面，法国更是把清朝统治下的中国远远抛在后面，仅以海军为例，当时法国海军共拥有大小舰艇 200 余艘（包括战列舰 53 艘，巡洋舰 69 艘），总排水量 50 万吨。"而现代的军舰不仅是现代大工业的产物，而且还是现代大工业的缩影，是一个浮在水上的工厂。"（恩格斯语）

在中法战争期间，活动于中国东南海域的法国舰艇就达 42 艘（其中海防战列舰 4 艘、巡洋舰 14 艘）。直接参加马江之战的法国舰艇总吨位为 1.5 万吨，超过福建海军总吨位近一倍（法军最大的军舰排水量在 4000 吨左右，而清军只有 1400 吨）；其动力设备均为复合机，而中国军舰配置的却是陈旧的立机、卧机，二者最大功率的差距在三倍到四倍之间；从火力配备看，法国舰队共有火炮 77 门，最大的火炮口径达 24 吋，主要是后膛来复线炮，福建海军则共有 45 门火炮，除 2 门是大口径火炮外，其余均为小口径炮，且多为前装滑膛炮，射程近，准确度差，打击力弱。法国舰队还拥有 2 艘攻击力强的水雷艇，而福建海军则付阙如。总之，马江之役中，福建海军的技术装备比法国舰队要落后几十年。在近代战争，特别是在近代海战中，"落后就要挨打"这个法则也就更加突出地表现出来！

军事上还有一条铁律，即军队失去了行动自由，也就接近于失败或被消灭。马江战前，清政府作茧自缚，坚持"不可衅自我开"，当双方已处于实际交战状态下，战火已燃至中国本土时，仍毫不在意地开放闽江口，任法舰自由出入，甚至严令水师不准先行开炮！所以战争还未开始，结果就已在预料之中了。难怪贾雅格曾这样评说："这场战争的结果是不会使任何人诧异的，胜负是早已定了的，中国方面得有会办海疆大臣张佩纶的命令，不准先开第一炮，并且必须留在原泊地位，因此，孤拔（法国远东舰队司令）就能挑选他自己下手的时间。"清廷的腐败无能和愚蠢颟顸（mān hān，糊涂而又马虎）令人发指，正如一位诗人战后所言："缘木求鱼机早失，拓池养鳄计全非。"

清政府办洋务办了几十年，筹措海防也经历了几十载，为什么列强仍不断从海上入侵，并屡屡得手，照旧是有海无防？究其原因，归根结底是腐败的清政府始终摆脱不了"中学为体，西学为用"的格局。"中体西用"论的本意在于阐明中国传统政治思想和政治体制的优越，"西学"不过是一种辅助的治国手段而已，实质上是强调封建专制的政治体制是万万不可动摇的。而反观中国近代海军诞生后经历的曲折道路，则明白无误地向人们揭示了一条真理：在封建生产方式及其上层建筑的土壤上，不可能培育出一支强大的近代海军来。中国要在政治、经济、科技、教育、军事诸方面实现全面近代化，是非摆脱封建主义的束缚不可的。

清朝唯一的汉族公主

吴伯娅

孔四贞是清朝唯一的汉族公主。她的人生经历丰富多彩，交结着荣华富贵、刀光剑影和权术谋略，恰如一幅生动的画面，从一个侧面展示了清初的政治史。

一个汉族女子怎么能成为清朝公主呢？这还得从孔四贞的出生谈起。孔四贞生于明崇祯十五年（清崇德七年，公元1642年），是辽东盖州卫（今辽宁盖县）或说东宁卫人。她出生之时，其父孔有德早已从明朝降将晋封为清朝的恭顺王。孔有德率兵随多尔衮进关，南征北战，为清朝定鼎中原，夺取全国统治权立下了汗马功劳。顺治六年（1649）五月，清廷赐孔有德金册金印，改封定南王，命统兵征广西，携家驻衡州。随后，孔有德继续南征，于次年十二月占领桂林。八年正月，奏请移藩属驻桂林。孔四贞也随着征战的父亲自北而南，在频繁转徙中度过了童年。

在桂林，孔有德建藩独秀峰下，尊贵无比。孔四贞作为王女，与全家生活在桂林，同享荣华富贵。然而，这种安定、美满的生活并没有维持多久。顺治九年六月，南明李定国率大西军进攻广西。孔有德亲自统兵与之决战，遭到惨败，桂林被围。七月初，大西军攻城，孔有德再次出战，又遭失败。大西军占据城北山岭，孔有德无路可逃，夫妻决计自杀。临死前，孔有德妻指其儿女对丈夫说道："第儿曹何罪，而亦遭此劫乎？"她让孔四贞兄妹分别随人外逃。11岁的孔四贞得以死里逃生。孔有德自刎。

　　幸存下来的孔四贞是如何北上进京，跨入皇宫的呢？这与当时局势息息相关。继孔有德败亡之后，清朝的敬谨亲王尼堪又被李定国阵斩于衡州。一年之内，"两蹶名王，天下震动"。十年，因李定国转而率军攻围广东肇庆，孔有德部将线国安才得以收集溃兵，重新占领桂林。广西虽然又处于清军控制之下，但整个西南地区的形势仍令清廷严重不安。线国安辈也缺乏清廷军队观念，只知为孔氏家将。因此，清廷有必要表彰忠节，抚恤遗孤，以安抚定南王藩标军队。富有政治谋略的孝庄太后，决定将孔四贞收入宫中抚养，希望将来通过她加强清廷对这部分军队的控制。

　　十一年，孔四贞护其父之榇（chèn，棺材）归葬。六月三日，丧车抵京，清廷为其举行的郊迎和守丧礼仪极为隆重。随后，孔四贞作为太后养女，享受着和硕格格的殊荣，成为清朝绝无仅有的一位汉族公主。

　　不久，清朝后宫掀起风波。顺治帝不顾九五之尊，热恋胞弟襄亲王之妻董鄂氏，冷遇蒙古族皇后和其他妃嫔。这种异常行为，既有辱皇室家法，又将危及满蒙贵族之间的关系。无论是从国家大局考虑，还是从个人情感出发，孝庄太后都不能无动于衷。她急欲采取行动，阻止事态的发展。

　　为了平息后宫风波，更重要的是为了直接控制定南藩标的军队，孝庄太后决定册孔四贞为妃，希望这位汉族女子能转移顺治帝的注意力。十三年六月，清廷宣布："定南武壮王女孔氏，忠勋嫡裔，淑顺端庄，堪诩壸（kǔn，宫里的路，借指皇宫）范，宜立为东宫皇妃。候旨行册封礼。"然而，孝庄太后的良苦用心未能奏效。顺治帝为情所驱，竟然演出了逼死襄亲王的悲剧，并借口襄亲王去世，不忍举行对孔四贞的册封礼，"命八月以后择吉"。可是，八月二十五日，顺治帝却宣布立董鄂氏为贤妃。九月二十九日，又宣布立董鄂氏为皇贵妃。一年后，董鄂氏生子，他又为这位皇子举行隆重庆典，准备立为皇太子。孔四贞被册妃之事不了了之。

面对现实，孝庄太后对孔四贞的婚嫁问题做出了新的决定。十五年前后，孔四贞和孙延龄奉太后之命结为夫妇，赐第西华门外。孙延龄因此成为和硕额驸、内辅政大臣、都勒机昂邦、世袭一等阿思哈尼哈番。此时，孔四贞已受命掌管定南王事，遥制广西军。一个十多岁的女子，居然独开军府，遥制藩军，这在清初实在是一件令人瞠目咋舌之事。在尊贵显赫的妻子面前，尽管孙延龄也是承袭父职的朝廷命官，还是黯然失色。他们之间既不是传统的夫贵妻荣，也就没有传统的夫唱妇随。恰恰相反，孙延龄尽力忍受着孔四贞的傲慢轻蔑，一切听命于妻。他们这种夫妻关系被当时的诗人描述为："新来夫婿奏兼官，下直更衣礼数宽。昨日校旗初下令，笑君不敢举头看。"

孙延龄不满意孔四贞的专横，但深知她身后有太后，便以屈求伸，对孔四贞貌似恭敬，以顺其意。四贞被这种现象所迷惑，沾沾自喜，对延龄也开始感到满意。她出入宫掖，日誉其能，于是太后亦对延龄另眼相看，宠赍（jī，赏赐）优渥，亚于亲王。四贞不知延龄以计相愚，误以为其和柔易制，更加专横武断。延龄内心愈为不平，"日思所以夺其权"。这种微妙的夫妻关系，使此后清廷离间孙、孔，制约其权势的计谋得以乘虚而入。

顺治年间，李定国领导的抗清运动如火如荼，西南地区的形势令清廷严重不安。出于迫切的政治、军事需要，清廷优恤孔有德，厚结孔四贞。这一政策一直延续到顺治末年。康熙五年

（1666），清廷以孙延龄为镇守广西将军。此时，国内形势趋于稳定，清廷开始重视藩王强大的严峻事实。清廷派孙延龄夫妇移镇桂林，是想用孔四贞控制定藩部队，又用孙延龄离间孔四贞，以此制约他们的权势。当孔四贞夫妇南下抵达淮安时，奉到敕书，以孙延龄为特进上柱国、光禄大夫、世袭一等阿思哈尼哈番，和硕额驸，镇守广西等处将军，妻孔氏为一品夫人。以前，四贞自以为和硕格格已居极品，不从夫贵。不料忽得诰命封一品夫人，竟然是妻以夫贵，怀疑是延龄嘱托内院的结果，心中很不愉快。从此，他们夫妇之间产生了矛盾。

在桂林，孔四贞夫妇不能同心协力，属下王永年、戴良臣等人便乘机离间，将他们架空。对于都统王永年等人的专权，孙延龄积怒难平，疏参他们倡乱不法。三都统也上疏讦（jié，揭发）告。康熙帝命两广总督进行调查。总督站在都统一边，指责延龄御下失宜。延龄与都统之间的怨恨越积越深，而清廷并不想平息定藩属下对孙延龄的反感，并开始限制他的用人之权。此后，事态的发展越来越不利于孔四贞夫妇。都统等在广西与他们作梗，徐越等在朝中纠参劾奏。他们的行动表明，清廷对撤除定藩一事，已跃跃欲试。

康熙十二年吴三桂倡乱，极力拉拢孙延龄。而"延龄既恨永年刺骨，又怨前之夺爵也，受三桂命"。十三年二月，他匆匆采取行动，诈传诸将议事，伏力士掷盏为号，杀都统王永年等人。两广地方官迅速将孙延龄作反叛对待。四月，康熙帝诏削孙延龄职，宣示中外。孙延龄上疏表白。清廷为集中反击吴三桂，仍示孙延龄以自新之路。而孙延龄为吴三桂军事进展的声势所迷惑，越陷越深，五月，自称安远大将军，为乱一方。

十四年六月，傅弘烈来到桂林，与孙延龄相见，"侃侃以忠孝语劝谕，且策三桂必败，毋与其祸，延龄始有悔心"，但举棋不定。孔四贞劝夫降清。十六年二月，傅弘烈抵达江西，遣人至赣州致书清镇南将军觉罗舒恕，说："孔四贞曾向弘烈言，无刻不以太皇太后为念，若降恩纶，赦孙延龄罪，封孔四贞为郡主，则可以成事。"三月，康熙帝特令人招抚孔四贞。至此，孔四贞的劝夫降清之举得见成效。这既是她顺应历史发展的明智之举，又反映出孝庄太后当初收养孔四贞的政治功效。

　　吴三桂得知孙延龄即将反正，遣吴世琮领兵杀死孙延龄及其子，将孔四贞带到云南。由于吴三桂也要利用四贞笼络定藩部众，四贞得以不死。三藩之乱平定后，二十一年清廷撤定南藩属，分隶八旗汉军，命麻勒吉率领还京。在此前后，孔四贞回到北京。这位丧夫失子的女人，虽然有幸生还，但却失去了往日的地位，最后在京师死去。

"香妃"其人与"香妃墓"释疑

赵云田

在新疆喀什以北5公里处的浩罕村，有一座典型的伊斯兰式古陵墓建筑群。墓园内有大小礼拜寺、教经堂、主墓室和塔楼等建筑，精巧华美，造型绮丽。这就是举世闻名的"香妃墓"。据传说，墓的主人是清朝乾隆皇帝的爱妃买姆热·艾则木，也就是香妃。那么，历史上真有香妃这个人吗？喀什的香妃墓是真的吗？

一、香妃传说及其由来

长期以来，民间流传着许多关于香妃的故事，其中流传最广的是这样讲的：

新疆南部，清代称回部。回部的霍集占和卓有一位长得很漂亮的王妃。据说，她不经沐浴，身体就能散发出一种奇香，因此被称为香妃。后来，霍集占发动叛乱，反对清政府，乾隆皇帝就命令将军兆惠在出师平定叛乱时，务必要得到香妃。兆惠在平叛过程中，果然俘获了香妃，派人把她送到京师（今北京）。香妃到达京师后，被乾隆皇帝安排住在西苑。香妃对乾隆皇帝的态度非常冷淡，还对宫人说："如果皇上逼迫我，就和皇上一起死。"

乾隆皇帝想，也许随着岁月的流逝，她的复仇意念会逐渐泯灭。为了减轻香妃的思乡之情，乾隆皇帝还在香妃居住的西苑外面，仿照西域的建筑形式，盖起了礼拜堂、庐室和集市。后来，乾隆皇帝的母亲孝圣宪皇太后知道了这件事，怕因此影响乾隆皇帝处理政务，就在一年的夏至节，趁乾隆皇帝到天坛行圜丘（yuán qiū，古代帝王为祭天所筑的高坛）大礼，把香妃召到慈宁宫赐死。乾隆皇帝回宫后知道香妃已死，也无可奈何，只好下令以妃礼厚葬香妃。

上述关于香妃的传说当然不是真的。那么，这些传说是怎样产生的呢？

有一种看法认为，这是民国初年一些小说家编造出来的故事。在中国历史上，有一个不成文的传统，一个朝代灭亡以后，后来的人总会从这个灭亡的朝代中编造一些故事进行演绎，或是歌颂，或是嘲讽。在清朝的皇帝中，只有乾隆皇帝一人有一个维吾尔族的妃子，况且乾隆皇帝又生活在盛世，能诗能画，素有"风流天子"之名，所以就成了后人编造故事的对象，也是很自然的事。还在1913年，就有人编写了《满清稗史》一书，书中讲了许多清朝的故事，其中就有关于香妃的传说。

也有一种看法认为，香妃传说与民国初年的一次展览有关。1914年，在今天的故宫博物院的南部，有关部门成立的"古物陈列所"搞了一个"中国历史上的十大美女"展览，香妃便是其中之一。展方在浴德堂展出一幅"香妃戎装像"，并附有一个"香妃事略"，介绍了香妃的"身世"和"生平"。这幅"香妃戎装像"，据说为乾隆时期的宫廷画家西洋人郎世宁所画。"香妃事略"则说香妃是回部和卓的妃子，被俘送到京师住进西苑以后，总想着复仇的事，为此经常在怀里藏一把剪子，想刺杀乾隆皇帝，只是一直没有机会。还说当孝圣宪皇太后问她有什么要求时，她回答说是"死"；孝圣宪皇太后表示可以满足她的要求、命她自缢时，她还感谢皇太后的知遇之恩。该"事略"还渲染香妃死了以后，脸色仍然白皙、红润、有光泽，肌肉也是柔软的，这一切都令乾隆皇帝歆歔不已。

事实上，这个展览中的"香妃戎装像"和"香妃事略"的介绍，都是错误的。就说那幅"香妃戎装像"吧，按清朝的制度，郎世宁是不可能给嫔、妃画作戎装像的。实际上，这幅画是不知名的画工师傅为了展览的需要而设计的。然而，就是这个错误百出的"香妃事略"和"香妃戎装像"，引出了关于香妃的上述传说，不仅影响了国内的民众，也影响到国外，以至于一些外国的书籍，如日本的《东洋历史大词典》《亚细亚历史事典》，美国联邦政府印刷局出版的《中国清代名人传略》，就都以上述传说中的内容记载了香妃的事迹，还肯定地说香妃是自杀的。

二、历史的真实情况

那么，历史上的香妃到底是什么情况呢？

在乾隆皇帝的妃子中，确有香妃其人，不过她的封号是容妃，即容貌出众的意思。容妃的父亲是阿里和卓，哥哥叫图尔都。乾隆二十三年（1758），回部大小和卓波罗尼都和霍集占发动叛乱，图尔都和他的叔父额色尹都没有参加，而是跑到了布鲁特（当时中亚的一个民族）境内。后来清军出征霍集占，图尔都和额色尹带领一支精锐人马参加了平叛斗争，他们率领着军队一直打到喀什噶尔（今喀什）。乾隆二十四年九月，额色尹到达北京，被清政府封为辅国公（清朝藩部爵位的中等爵）。不久，图尔都和他的妹妹也到达北京，图尔都被授为台吉（清朝藩部爵位的末等爵），他的妹妹在乾隆二十五年二月被选入宫。图尔都的妹妹入宫后，初被封为贵人，以后又晋升为嫔、妃。她就是乾隆皇帝的容妃。在宫中，乾隆皇帝对容妃非常关心，时时处处都照顾到她的民族风俗和习惯。在清官档案中，记载了许多有关容妃生活方面的事情。

乾隆二十七年五月二十一日，容妃由贵人封为容嫔。因为她已经有了维吾尔族样式的朝衣朝冠穿戴，就没有再做新的，只是把圆明园富春楼松绿春绸红里夹帐一床赏给了她。

乾隆三十三年元月初五日，容嫔被封为容妃。乾隆三十六年二月初三日到四月初七日，乾隆皇帝陪同孝圣宪皇太后到山东拜谒孔庙，容妃等人随行。这期间，容妃不断得到乾隆皇帝的赏赐，有时是野鸭子，有时是羊肉干，有时是维吾尔族饽饽。乾隆四十年秋，乾隆皇帝巡幸热河，容妃等随行，途中，她也得到过乾隆皇帝赏赐的羊肉等。这以后，乾隆皇帝巡幸盛京（今沈阳），或者到热河及木兰围场哨鹿，容妃都随行，得到乾隆皇帝赏赐的食品也更多，有奶子月饼、狍子肉、黄羊肉等。

乾隆皇帝不仅在巡幸中赏给容妃食物时照顾到她的生活习俗，而且平日居住在皇宫时也都考虑到她的民族特点。当容妃还是贵人的时候，她得到的新疆哈密瓜等贡品就比一般的嫔妃多。乾隆皇帝赏给她的御膳，大都是鸡、鸭、羊肉等菜肴。为了照顾容妃的饮食，宫里专门设置了维吾尔族厨司，做维吾尔族的"谷伦杞"（抓饭）和"滴非邪则"（洋葱炒的菜）等饭菜。

容妃病死于乾隆五十三年四月十九日。她的墓在今河北省遵化县清东陵的裕妃园寝内。容妃棺木的正面和侧面，都有手写的阿拉伯文金字，是伊斯兰教经典《古兰经》里面的一句话，译成汉文开头的一句是"以真主的名义"。在容妃墓的遗物中，还有一条扎着辫绳的85厘米长的发辫，夹杂着花白的头发，容妃死时55岁，这条花白的发辫自然是她的。由此可见，新疆喀什的

"香妃墓"并非其真墓，它只是和卓家族的墓园而已，与香妃的安葬之处没有关系。

上述档案中的记载，已经证明了有关香妃的传说是不真实的。此外，北京一些建筑物的历史也可以证明香妃传说中许多事实是虚构的。比如，传说中，乾隆帝特为香妃修建了一座"宝月楼"。它坐落在西长安街路北，袁世凯称帝时改为新华门，现在是中南海的南门。回子营就在其斜对面安福胡同一带。据史料记载，因这里比较狭窄，明朝时并未在此建筑宫室。乾隆皇帝觉得太液池南岸逼近皇城，在皇宫中临台南望，显得过于空旷，于是决定在此处建一座楼台。宝月楼开工修建的时间是乾隆二十三年春天，同年秋完工。因为楼的前面有池有月，很像月中的广寒宫，所以就起名为"宝月楼"。这样看来，宝月楼也与香妃没有关系。

康乾两帝盛开"千叟宴"

李治亭

　　清朝对全国的统治始于顺治朝。经顺治之世，展开大规模军事行动，力挫群雄，除台湾外，大陆基本统一。至康熙朝，南平吴三桂之乱，北抗沙俄之侵略；东南收降台湾郑氏政权，西北剿灭噶尔丹。与此同时，大力发展农业生产，治理黄淮，除水患，兴水利，农业连年大丰收，国库充裕，百姓安居乐业。康熙、雍正、乾隆三朝，史称"康乾盛世"。康熙、乾隆两帝凭借国家雄厚的财力、安定的社会环境，先后几次举行规模宏大的"千叟（sǒu，老头儿）宴"，为"盛世"添写了一段佳话。

　　康熙五十一年（1712），康熙帝即位满50年，天下大治，经济繁荣，社会安定。正如康熙帝所说，此时外面已无军事征战的粮饷开支，内部也无大兴土役的费用。于是，他在这一年做出了一项重大的决定：以康熙五十年全国人丁总数为常额，其后出生的人丁不再征收丁赋亦即丁税，或称人头税。历朝历代，皆收丁税，已实行了两千多年，到这时，由康熙帝宣布永远废除，此即"盛世滋生人丁，永不加赋"之意。同年十月，康熙帝又宣布一项决定：自康熙五十年为始，三年内，全国地丁钱粮全免一次。据统计：这三年内普免全国农业人丁新征的、旧欠的，共银3206万余两。这个数额，约当康熙中期后一年国家税收的一半。康熙帝一次性免除全国农业赋税和废除新出生的人丁税，此举实属前朝未有之事。

上述两项历史性的决策，是当时"海宇升平，国用充足"的表现。康熙帝要求各总督、巡抚"务须实心奉行，体朕轸(zhěn)念（轸念：深切思念）民生至意"。

可以说，这两项决策使广大农民及其他劳动者从中获得了实惠。康熙五十二年三月十八日，适逢康熙帝60华诞。各省众多百姓以及退休的官员，以老年人居多，纷纷从千里之外赶来京师，请求为其祝寿，表达对朝廷尤其是对康熙帝的感激之情。康熙帝为臣民的热忱而深深感动，即决定：在他生日这一天接见他们，并择日举行盛大宴会，颁赏礼物，以答谢臣民对他的拥戴。这就是"千叟宴"的由来。

十八日这天，各省来京的老人、八旗兵丁及京师士庶百姓齐聚午门外，至大清门内叩见康熙帝，恭贺"万寿"。

按照康熙帝的意旨，此次宴会分批举行。二十五日，在畅春园正门前，正式举行盛大的"千叟宴"。首先邀请各省汉大臣、中下层官员与百姓。其中，年龄在90岁以上的老人，有33人；80岁以上，有538人；70岁以上，有1823人；65岁以上，有1846人，总共4240人。参加者皆属老人，人数在千人以上，故称"千叟宴"。

康熙帝传谕：宴会上，让他的子孙与皇室的人亲自执酒器，给老人们斟酒，而老人们都不必拘礼，不要起立。以此来表示他对老人的优待和敬老的殷切心意。席间，康熙帝命其子孙扶持80岁以上的老人，到他的御座前，他要亲自看着他们一一饮酒。宴后，康熙帝又逐一赐给他们银两。

二十八日，康熙帝又专门宴请八旗满洲、蒙古、汉军、大臣官员、兵丁及闲散人中的老人，其中：90岁以上，有7人；80

岁以上，292人；70岁以上，有1394人；65岁以上，有1012人，总共为2705人。同前一次宴会一样，康熙帝命其皇子们代表他颁赐食品，命宗室子孙们执酒壶给老人们斟酒，并请80岁以上的老人至其御座前饮酒。

当日，康熙帝还在畅春园宫门前，专赐宴70岁以上的老妇人及大臣妻年老者数百人。与前两次稍有不同，因为是宴请老年妇女，皇太后特意参加，与康熙帝一道向她们颁赐茶果酒食。

三批宴请老人已超过了7000人。康熙帝为表达他的"养老尊贤"的心意，又对全国老人颁赏：各省70岁以上，至百岁以外的老人，各赏给布、绢等若干，折合成白银，总共达89万两；每人又赏给粮食，总共为16.5万石。这些赏赐，皆为专给汉人百姓年老夫妇；八旗满洲、蒙古、汉军年老夫妇，以及各级官员年老者，另给赏赐，不在上列统计的数字之内。尽管我们还不能确知这次大规模"千叟宴"总共花了多少银子，但可以判断花费是巨大的。

康熙帝做事，一向从简，不事铺张。诸如各种节庆，包括给他年年过生日，都是搞一个简单的仪式而已；如给他上尊号，他一概拒绝。唯此次破例，大办"千叟宴"，大赏全国各省老人，是康熙帝有感于广大百姓对他的爱戴之情，以此种方式予以答谢。花费不少，却用到了老百姓身上。

乾隆朝承康熙、雍正之后，到其中期，即乾隆三十年（1765）左右，清朝已进入鼎盛，清人称之为"全盛""极盛"。此时，政局稳固，经济空前繁荣，社会安定，满汉和谐，边疆安宁。土地耕种面积不断扩大，国库资金常年储备保持在7000余万两，最高达到8000万两上下，被"称为国朝府藏之极盛"（《圣武记》），这也是清朝国库资金存储的最高纪录。乾隆帝说："天下之财，只有此数，不聚于上即散于下。"他的意思是说，国家资金有限，不是无限，不存储在国库里，就散给百姓。他又说："国家资财，莫先于足民。"（《清高宗实录》）就是国家的资财，应首先满足百姓的需要。乾隆帝效仿康熙帝的做法，从乾隆十一年到五十五年，相继四次普免全国钱粮赋税，总数达到1亿2000余万两。广大农民及其他劳动者都分享到盛世的成果，故后人记载称："万民欢悦，颂声如雷；吴中谣，有'乾隆室，增寿考；乾隆钱，万之年'之语。"（《啸亭杂录》）

乾隆帝又增开"宗室宴""民族宴"，显示其鼎盛时期的繁荣景象。乾隆帝于乾隆四十七年在丰泽园举行盛大的"宗室宴"，人数达3000余人，以老人居多。此举意在叙亲情之谊。此情此景，亦"极一时之盛"（《啸亭续录》）。乾隆帝在平完新疆之乱后，蒙古、维吾尔、回族等上层王公前来朝贡。乾隆帝即于避暑山庄之万树园中，设大黄幄殿，能容千余人，在此举行盛大的"民族宴"，款待来朝贡的各民族，亲自赐酒，示以无内外之别。

乾隆五十年正月初六，在乾清宫正式举行盛宴。规定：凡内外文武官员年在60岁以上者，皆在其列。进而又扩大到边地土司，蒙古、回部五公，以及生活在底层、年在70岁以上的耆老士民、八旗兵丁以及匠役人等。总计，参加宴会的老人，共3900余人。乾隆帝也仿效其祖父康熙帝，命皇子、皇孙、皇长孙等分别向老人执爵献酒，特命年过90岁的，召至御座前一起饮酒。

十年后，即嘉庆元年（1796）正月，乾隆帝再次举行"千叟宴"。此次与宴人员，达5900人，盛况空前，皇极殿充满了欢乐的气氛。宴会结束时，乾隆向与宴的臣民们颁发如意、寿杖、缯绮、貂皮、银牌等物。其中，银牌自15两至30两不等，依据年龄而分出等次，加上其他赏赐，此次动用白银达百余万两。自此以后，清朝由盛转衰，直至清亡，再也没有实力举办这类筵宴了。

康熙与乾隆两帝先后三次举行"千叟宴",以最后一次规模最大。清人对此举动的评价是:康乾两帝"三举盛典",使平民百姓,尤其是老人们"欢饮殿庭",实前所未有之事。从表面上看,这几次盛宴是皇帝与百姓聚餐的"酒会",但从治理国家的角度来说,体现出"民惟邦本""敬老尊贤"的思想文化理念;对"盛世"而言,具有重大的象征意义,是康乾盛世的一大盛事。它的社会价值是让老百姓分享一点社会财富,从而得到百姓的拥戴。

作者简介

李治亭,1942年生,山东莒南人。吉林省社会科学院历史研究所研究员,国家清史编纂委员会委员,传记组特聘专家。主要著作有:《吴三桂大传》《清康乾盛世》《中国漕运史》,并主编《清史》(上、下)等25部(包括部分合著),发表论文200余篇。

耶稣会士汤若望的在华活动

吴伯娅

明末清初，一批欧洲传教士不畏艰辛，远涉重洋，接踵来华。他们的目的是要在中国传播天主教，让尽可能多的中国人信奉天主教。中国是一个历史悠久的文明古国，文化背景、道德观念、语言礼俗都与欧洲不同。传教士要对这样一个东方大国传教，困难很多。利玛窦等来华传教士在实践中摸索出一套行之有效的办法，那就是：以学术叩门而入，用西方的科学技术引起士大夫的注意和敬重，争取士大夫以至皇帝等统治阶级上层人物的支持，合儒补儒，以适合中国习俗的方式传教。按照这套办法，传教士不仅进入了中国，而且进入了宫廷。他们受到崇祯、顺治、康熙等明清两代皇帝的器重和礼遇，与中国学者密切交往，既打开了天主教传播的大门，又架起了中西文化交流的桥梁。汤若望就是这批传教士中的一个著名人物。

汤若望出生于德国科隆，原名约翰·亚当·沙尔·封·白尔（Johann Adam Schall von Bell）。他来华之前，在欧洲受过良好的教育，对天文、数学都有研究。明万历四十七年（1619）到达澳门，天启二年（1622）进入广东，翌（yì）年至北京，在中国生活了47年。

明朝末年，来华耶稣会士带来了西方的天文数学知识。中国士大夫徐光启等人对此进行了学习和研究，采用西洋新法推算，效果极佳。徐光启奏请开设历局，聘用传教士协助修订历法。崇祯皇帝批准了他的建议，在北京宣武门内开设历局，传教士邓玉函、龙华民等人均进入历局工作。崇祯三年（1630），邓玉函去世。在徐光启的推荐之下，汤若望离开陕西来到北京，进入历局任职。在历局，汤若望与徐光启、罗雅谷等人合作，翻译西方的天文学著作，制造天文仪器，修订历书。经过多年努力，编成了规模宏大的《崇祯历书》。这部书吸收了欧洲天文学的新学说和新方法，是我国古代历书中极为重要的著作。汤若望在其中发挥了重要的作用。徐光启曾向朝廷奏报道："远臣汤若望等，数年呕心沥血，功应首叙。"徐光启的后任李天经也曾向朝廷奏报："远臣汤若望等，劳苦功高。"

不久，明朝灭亡，崇祯皇帝自杀，北京城内一片混乱。汤若望留在北京，精心保护教堂和存放在那里的《圣经》、神像、天文仪器及《崇祯历书》刻版。清兵入城，摄政王多尔衮下令内城居民全部迁往外城，以供清兵驻扎。汤若望为了教堂及天文仪器、图书资料的安全，冒死上疏，请求仍留原地居住，并对自己所从事的传教和修历工作做了简要介绍。

清朝大学士范文程深知天文历法与王朝兴衰的关系。为了表明"新朝定鼎，天运已新"，清廷需要准确地观测天象，颁布历法，以新天下耳目。以范文程为媒介，汤若望得以进入清朝宫廷，修订历法。经过公开验证，清廷确认汤若望的历算准确无误。清廷采用了汤若望按照西洋新法修订的历书，将之定名为《时宪历》，并任命汤若望执掌钦天监，成为中国历史上第一位任此重要官职的西方传教士。从此，汤若望步入清朝仕途，为清朝皇帝司天，将天主教在华传播的事业推进到一个新的阶段。后来，清廷长期聘用传教士在钦天监任职。钦天监成了传教士与皇帝保持密切联系的通道。

汤若望学术传教的另一个重要方面是铸造火炮。明朝末年，为了挽救败局，朝廷再三下令汤若望造炮。汤若望终于接受了任务。在他的设计和指导下，明朝成功地制造了一批火炮。此后，明廷不仅让汤若望继续制造火炮，而且命他著书立说，传授火炮的制作方法和使用规则。于是，由汤若望口授，中国学者执笔撰写了《火攻挈要》一书。不过，这部书刻印后的第二年，明朝就灭亡了。清军入关，汤若望转而为清朝效力。《火攻挈要》的实际价值在清朝得以体现。

在清朝，汤若望以渊博的学识、出色的工作和对皇帝的尊崇，赢得了顺治帝的器重和礼遇。除了执掌钦天监之外，他先后被加封了太常寺卿、通议大夫等品衔，后又授通政使，进秩正一品。从顺治八年到十四年（1651—1657）冬，他不仅成为顺治帝身边一位备受宠信的老臣，而且与顺治帝建立起了亲密至诚的个人关系，在中西文化交流史上留下了一段脍炙人口的佳话。

年轻的顺治帝亲切地称呼汤若望为"玛法"（满语，可亲可敬的尊者、长辈、爷爷），不仅特许"玛法"在必要时随时进宫谒见，而且多次亲临馆舍与他叙谈求教。仅顺治十三年、十四年两年间，他就登门亲访达 24 次之多。汤若望则知无不言，言无不尽，在学问上循循善诱，在国事上忠言直谏，使顺治帝感到可亲可敬。汤若望的进谏和建议很多。在此，举两个例子。一个是郑成功抗清北伐时，南京告急，清廷震惊。年轻的顺治帝想迁都。这一怯懦的念头受到孝庄太后的斥责。顺治帝一怒之下，声称要御驾亲征。朝中上下苦谏无效，便请汤若望出面劝阻。为使年轻的皇帝免冒无端风险，汤若望毅然进宫劝谏。他的一片诚心和好言相劝，果然奏效。一场风波得以平息。第二个例子是顺治帝在考虑继承人时，曾征求过汤若望的意见。汤若望认为玄烨出过天花，主张立玄烨。后来玄烨继位，就是康熙皇帝。

汤若望竭诚为顺治帝效力，其目的是为了争取顺治帝皈依天主教，或者使顺治帝对教会产生好感，为天主教在中国的传播打开一条广阔的道路。因此，汤若望利用一切机会，巧妙地向顺治帝传教布道。

汤若望的苦心并非毫无效果。从这一时期顺治帝的某些言论和行动中可以窥见其影响，而且顺治帝对汤若望的恩宠不断升级，对汤若望所代表的西教西学表现出明显的好感。顺治十年，钦赐"通玄教师"荣称，并发布谕旨，褒奖汤若望。顺治十四年，钦赐于北京天主堂立碑，御制碑文，并赐教堂匾额"通玄佳境"。

然而，在博大精深的汉文化面前，汤若望等传教士的影响又极为有限。汉文化作为中国本土文化而具有的深厚底蕴与优越性，以及清朝统治中国的过程中，必须以儒家学说为指导等一系列原因，决定了顺治帝最终还是选择了汉文化。就在汤若望受宠最隆之时，顺治帝确定了崇儒重道的基本国策。在赐汤若望"通玄教师"的谕旨和《御制天主堂碑文》中，顺治帝就说明了他为汤若望加官晋级的原因和目的，表明了他对天主教的态度。

在赐"通玄教师"汤若望的谕旨中，顺治帝只字未提宗教之事，只是充分肯定汤若望的治历之功，指出："朕承天眷，定鼎之初，爰（yuán，于是）咨尔姓名，为朕修大清时宪历，迄于有成，可谓勤矣。尔又能洁身持行，尽心乃事，董率群官，可谓忠矣。"在《御制天主堂碑文》中，他再次强调了这一点。可见，顺治帝之所以对汤若望不吝封赏，主要是因为汤若望在明清易代之时，修订了应天顺时的历书，以此证明清朝乃顺天而治。顺治帝对汤若望予以重用，加官晋级，是表彰他对清王朝的杰出贡献。顺治帝在《御制天主堂碑文》中明确宣布他只崇信孔孟儒家学说，讲求中庸之道；天主教乃西洋宗教，不知其说。

顺治帝在碑文中又指出："若望入中国，已数十年，而能守教奉神，肇新祠宇，敬慎蠲（juān，清洁）洁，始终不渝，孜孜之诚，良有可尚。人臣怀此心以事君，未有不敬其事者也。"这表明顺治帝认为汤若望的敬教精神可以借用为忠君思想，他希望清朝官员以汤若望为榜样，忠君尽职。这也正是他表彰汤若望的目的所在。

然而，顺治帝去世后，康熙三年（1664），汤若望被杨光先弹劾借修历法伺窃机密，犯谋叛罪，被判入狱。后因孝庄皇太后干预，得以释放。汤若望康熙五年病逝于北京。后康熙帝为汤若望推翻不实罪名，恢复其名誉。

后　记

　　清史纂修工作启动以来，在党中央、国务院的亲切关怀和文化部的正确领导下，在编委会和海内外专家的辛勤劳动和共同努力下，一批新的科研成果相继产生。为充分发挥清史纂修在资政、存史、育人中的重要作用，我们从 2006 年 7 月开始编发内部资料《清史参考》，择要刊登在清史纂修工作中形成的部分科研成果。内容包括典章源流、名人史事、档案文献、学术争鸣、资料考证等，力求如实反映清代的政治、经济、文化、科技、军事、外交等各方面情况，为有关部门和领导同志提供资政参考。

　　2008 年 8 月，为进一步扩大清史纂修工作的影响，使《清史参考》泽及社会、服务学界、繁荣文化，我们将已刊发的 75 期《清史参考》结集出版，取其"以史为鉴"之意，定名《清史镜鉴》。2009 年 8 月出版《清史镜鉴》第二辑，并赢得了良好的社会反响。现将 2009 年全年 49 期《清史参考》合辑为《清史镜鉴》第三辑。为方便阅读，我们仍按照学术类别将文章进行分类，文章按照时间顺序排列；对文中的生僻字、词适当加以注释。

　　《清史镜鉴》的出版得到了清史专家的大力支持与帮助，国家清史编纂委员会主任、著名清史专家戴逸先生还欣然为本书撰序，再次表示衷心的感谢。

请各界读者批评指正。

国家清史编纂委员会
国家清史纂修领导小组办公室
2010 年 3 月